카자흐스탄 초원 시인 아바이 시선집

황금천막에서 부르는 노래

Абай
Таңдамалы өлеңдер

숭실대학교
한국문예연구소
문예총서 ⑥

카자흐스탄 초원 시인 아바이 시선집

황금천막에서 부르는 노래

Абай
Таңдамалы өлеңдер

김병학 옮김

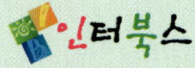

이 책은 **HIGHVILL** 동일 하이빌의 지원을 받아 출판되었습니다.
Бұл кітаб "Highvill Kazakhstan"-дің демеуімен жарыққа шыққан кітаб.

카자흐스탄 초원 시인 아바이의 시선집을 내면서

옮긴이의 말

　아바이 꾸난바이울리(Абай (Ибрahим) Құнанбайұлы, 아바이 꾸난바예브)는 카자흐스탄의 위대한 시인이며 사상가이다. 그는 카자흐스탄 초원에 경이롭게 솟아오른 산맥처럼 급변의 시대가 감지되던 19세기 중반에 홀연히 그 모습을 드러냈다. 그리고 광야를 달리는 말처럼 변화와 격동의 한 세기를 질주해 나가면서 주옥같은 시편과 잠언들을 남겼다. 그가 남긴 글들은 카자흐스탄 전역에 깊은 울림을 주었으며 지금도 카자흐스탄 전 국민의 가슴 속에 그침 없이 메아리치고 있다. 아바이의 존재는 카자흐인의 자부심이자 카자흐문학의 상징이다.

　동양과 서양의 교차로에 위치한 카자흐스탄의 유목문화가 거기서 수없이 만나 부딪치고 뒤섞이는 이질적인 요소들을 관용의 정신으로 수렴해왔듯이 아바이 또한 그러한 광활한 초원의 정신에 바탕을 두고 대자연과 유목민의 삶을 껴안고 포용하며 기쁨과 슬픔과 희망의 노래를 불렀다. 그는 카자흐 고유의 전통과 서구의 합리성과 종교적 영성을 동시에 추구하였으며 이는 현대 다민족국가 카자흐스탄이 바람직한 미래를 지향하는데 더욱더 상서로운 빛을 던져주고 있다. 모든 카자흐인들은 아낌없는 존경과 열렬한 찬사로 국민시인 아바이의 위상을 변함없이 확인해주고 있다.

　아바이가 쓴 이러한 초원의 시편들이 오래 전에 한국에 소개

되었어야 했다. 하지만 이제라도 알려질 수 있게 되어 여간 다행스럽지 않다. 그런 만큼 누군가가 이 아바이 시선집의 페이지를 넘길 때마다 중아아시아 유목문화와 카자흐전통이 더욱더 역동적이고 선명하게 제 모습을 드러내주기를 희망한다. 아바이의 시편들이 모이고 모여 카자흐문학사에 커다란 강줄기를 냈던 만큼 이 책이 한국을 향해 열리는 카자흐문학의 창이 되기를 기대해본다.

아바이 시선집은 제1부 자연(풍경)에 대한 서정시, 제2부 철학의 서정시, 제3부 사랑의 서정시, 제4부 비애의 서정시, 제5부 8행시, 제6부 풍자시 순으로 구성하였다. 이는 1909년에 처음 발간된 아바이 시집의 테마별 분류에 따른 것인데 여기서는 편의상 제4부 비애의 서정시에 속해있는 8행시들을 제 5부로 따로 분류했다. 그리고 독자들의 이해를 돕기 위해 시인 아바이의 사상과 시세계와 생애에 대하여 옮긴이가 간단히 정리하여 부기해놓았다.

이 번역시집이 세상에 나오는 데에는 여러 뜻있는 분들의 마음과 손길이 더해졌다. 인문학에 깊은 관심을 갖고 있는 분으로서 아바이 시집의 번역과정을 눈여겨보고 필요한 제반비용을 흔쾌히 마련해주신 동일 하이빌(Highvill Kazakhstan) 고재일 회장님께 크나큰 감사를 드린다. 이 시집을 카자흐스탄 고려인들이 모국과 카자흐스탄 땅에 드리는 우정의 선물로 생각하고 기획단계부터 깊은 애정과 관심을 보여준 알마티시고려민족문화중앙에도 감사드리며 옮긴이가 무난히 번역작업을 진행할 수 있도록 카자흐어로 된 아바이의 시편들을 러시아어로 풀이해준 번역가 카이라트 싸우르벡울리(Кайрат Сәуірбекұлы) 시인과 이 책의 출간을 구상하고 기획해준 이 스따니슬라브 시인께도 감사

옮긴이의 말

의 마음을 전한다. 출간을 흔쾌히 수락해주신 한국문예연구소 조규익 교수님과 인터북스의 하운근 사장님께도 감사드린다.

 미비한 점이 없지 않지만 이 번역시집을 통해서 카자흐스탄의 독특한 유목문화와 시인 아바이에 대한 이해를 넓히는 한국의 독자들이 무럭무럭 자라나기를 바란다. 그렇게 된다면 옮긴이는 그간의 지난했던 작업을 다 보상받은 셈이 될 것이다.

2010년 3월 카자흐스탄 알마틔에서
김병학

카자흐스탄 초원 시인 아바이의 시선집을 내면서

일러두기

1. 한국어 번역문과 카자흐어 원문을 나란히 배열하였다.

2. 설명이 필요한 부분은 해당 시의 아래에 주석을 달아 해설해 놓았다. 주석부분 괄호 안에 병기된 외국어 이름이나 단어는 카자흐어문자로 표기함을 원칙으로 하되 경우에 따라 러시아어문자로 표기하기도 했다. 해설 부분의 외국어 표기도 이와 동일하다.

3. 제목이 없는 시들은 그 시의 첫 한두 행을 제목으로 삼아 차례에 실었다.

4. 번역과정에서 카자흐인 번역가 카이라트씨가 러시아어로 풀이해준 텍스트 외에도 기존의 몇몇 러시아어 번역본들을 참조하였다. 그런데 각 번역본들의 차이가 심해 도저히 하나의 원문에서 번역된 것이라고 할 수 없는 시들도 적지 않았다. 이는 카자흐어의 중의성과 아바이 시에 대한 해석여지의 다양성 때문이기도 하다. 이 책에 실린 시 중에도 그렇게 광의로 해석·번역된 것들이 있으며 따라서 원문과 번역문의 연과 행이 달리 배열되거나 축약된 것도 있다.

차례

제1부 깊고 부드러운 눈밭으로 ························· 15
　　　자연(풍경)에 대한 서정시

　　1. 봄 ··· 16
　　2. 여름 ··· 23
　　3. 가을 ··· 29
　　4. 동짓달과 섣달이 돌아왔구나 ················· 32
　　5. 겨울 ··· 36
　　6. 매사냥 ·· 39
　　7. 말에 대한 묘사 ······································ 45

제2부 공작꽁지깃 빛깔을 띤 나비들이 ············ 49
　　　철학의 서정시

　　8. 프줄리, 샴씨, 싸이할리 ························· 50
　　9. 공작꽁지깃 빛깔을 띤 나비들이 ············· 51
　　10. 똑딱거리는 시계소리는 공연한 놀음이 아니라 ···· 52
　　11. 다가오는 것은 짙은 안개에 감춰졌고 ········· 54
　　12. 아는 것이 없으면 자랑하지 마라 ············ 58
　　13. 젊은 시절 나는 학문을 중시하지 않았었네 ······· 65
　　14. 시문학은 고결하고 존귀한 말들의 황제 ········· 67
　　15. 라기뜨는 불과 불길로 태어나 ················ 73
　　16. 심장에 이성의 빛이 있을 때 ················· 75
　　17. 빛나는 눈길에는 생각이 없어라 ············· 79
　　18. 만일 자신의 의지가 약하다면 ··············· 82

19. 사람들이 칭찬한다 해도 그걸 믿을 이유가
    없으니 ·· 84
20. 잎사귀들이 노랗구나, 옛 희망과도 같이 ············ 85
21. 하늘이 눈부시게 활짝 웃음을 웃네 ···················· 87
22. 그림자 머리를 길게 드리우며 ······························ 90
23. 하느님께 가는 길은 입을 통해 있지 않으며 ······ 93
24. 우리의 지혜는 얼음처럼 차갑지만 ······················ 95
25. 양들에게 흐린 물을 지나가게 하라 ···················· 96
26. 자연은 사라질지라도 인간은 불멸하느니 ·········· 99
27. 하느님도 옳고 그분의 말씀도 옳은 것이니 ······ 101
28. 보라, 이 세상은 그대를 강탈하는 가혹한
    세상이다. ·· 107
29. 사람아, 너는 도대체 누구더냐? ························ 108
30. 날들을 따라 날들이 간다 ···································· 109
31. 죽음이란 말은 누구나 알고 있다 ······················ 110
32. 나는 강아지를 개로 키워냈네 ···························· 111
33. 먹구름이 갈기갈기 흩어지고 ······························ 112
34. 그대, 어린 시절의 자취가 사라진 것을
    느끼는가… ·· 113
35. 만일 내가 죽으면 내 자리는 축축한 땅이
    되지 않겠느냐? ·· 114
36. 심장은 바다요 그 안의 모든 기쁨은
    보석이라 ·· 117
37. 제 아무리 뛰어도 굴레 쓴 말이 준마를
    따라잡을 수 없어라 ·· 118
38. 부질없는 외침들, 고함들 ···································· 120
39. 겉은 건강하지만 몸 안의 나는 죽었노라 ········ 121

제3부 너의 비단결 같은 머리카락을 구기고 ········· 125
사랑의 서정시

40. 해리가죽 모자와 두툼한 머리채 ················· 126
41. 바람 없는 밤에 달이 밝아 ······················ 128
42. 그 모습 아름다워라, 눈은 빛나고 ··············· 130
43. 나으리의 말 ·································· 132
44. 젊은 처녀의 말 ······························· 137
45. 사랑과 정욕은 두 개의 서로 다른 길 ············ 142
46. 그대는 나의 눈빛 ····························· 144
47. 나는 보잘 것 없고 가련하여라 ·················· 153
48. 무슨 일로도 어두운 내 마음 밝아지질
    않네 ··· 156
49. 돔브라를 잡을 필요가 없어라 ··················· 157
50. 그대를 원하지 않을 수 없었네 ·················· 159
51. 그대, 젊은 시절을 기억하는가 ·················· 160
52. 때때로 고집이 센 영혼이 ······················· 162
53. 전에는 잔치를 좋아했고 ························ 164
54. 사랑하는 사람끼리 하는 말은 낱말 없는
    언어 ··· 168
55. 붉어지기도 창백해지기도 하고 ·················· 169

제4부 가여운 심장아 뛰지 마라 ····················· 173
비애의 서정시

56. 늙음이 있는 곳에 비애가 있고 꿈자리도
    사나워라 ····································· 174
57. 늙음이 있는 곳에 비애가 있고 거기엔
    오직 고통뿐 ·································· 179
58. 선은 너무나도 빨리 지나가고 ··················· 184

- 59. 사랑 없이는 소산이 없고 ········· 186
- 60. 압드라흐만의 죽음 ········· 188
- 61. 운명에 삐친 우리는 버림받은 이들 ········· 194
- 62. 둘러보니 모두들 시장으로 가서 ········· 195
- 63. 당신을 믿었습니다, 나의 하느님이시여 ········· 197
- 64. 촌장이여 그대는 괜히 그렇게 기뻐하는구나 ········· 199
- 65. 카자흐인이여, 친척이여, 나의 친근한 백성들이여! ········· 203
- 66. 그들은 종말로 치닫는 시대의 청년들 ········· 206
- 67. 나는 언젠가 무지한 자들을 홀시했네 ········· 208
- 68. 가비돌라에게 ········· 212
- 69. 오스빤에게 ········· 214
- 70. 내 심장은 마흔 개의 조각이어라 ········· 216
- 71. 가여운 심장아, 뛰지 마라, 두근거리지 마라 ········· 218

제5부 말을 탄 채, 또 말을 타지 않은 채 ········· 221
8행시

- 72. 아무리 예리한 칼날도 ········· 222
- 73. 머리에 있는 것은 뇌가 아니다 ········· 223
- 74. 그들은 뒷소리나 한마디씩 하고 ········· 224
- 75. 말재주꾼! 말공부쟁이! 모든 계략의 명수! ········· 225
- 76. 그대는 노여움을 품지 마라 ········· 226
- 77. 누군가 그대의 집짐승을 훔친다 ········· 227
- 78. 배우면서 알아내라 ········· 228
- 79. 지식 안에 있는 꿈의 목소리 ········· 229
- 80. 만일 그대가 집짐승처럼 배부르다면 ········· 230
- 81. 피가 끓어 솟구쳐 오른다 ········· 231
- 82. 육체는 고통을 모르고 ········· 232

83. 이제는 예전과 달리 힘이 약해져 ················ 233
84. 누가 그대들에게 말했는가 ····················· 234
85. 무지한 자들은 많고 많아라 ··················· 235
86. 그래, 백성들이 무슨 소용이 있는가 ········· 236
87. 친구 없이는 외로워라 ························· 237
88. 먼지투성이, 피투성이가 되어 ················ 238
89. 말을 탄 채, 또 말을 타지 않은 채 ··········· 239
90. 간청할 때는 멀고 ······························ 240
91. 개와 아이가 우네 ······························ 241
92. 지식을 온 마음으로 존경하며 ················ 242
93. 조용하고 은밀한 모임 없이 ··················· 243
94. 나는 벼랑으로 올라갔노라 ···················· 244
95. 어느 측면에 놓여 있어도 ····················· 245
96. 아버지로부터 여섯 명 ························· 246

차례

제6부 길가에 외로이 선 나리새 ················ 247
풍자시

97. 라힘샬에게 ······································ 248
98. 아내와 마싹바이 ······························· 250
99. 셰리쁘에게 ····································· 253
100. 꾸이쓰바이에게 ······························ 254

해설 카자흐스탄 초원에 솟아오른 ··············· 255
거대한 시문학의 산

13

깊고 부드러운 눈발으로

제1부 자연(풍경)에 대한 서정시

1 봄

봄에는 이미 겨울의 축축함이 전혀 없어라,
마치 온 땅이 비단 천으로 둘린 것처럼.
숨 쉬는 것들과 모든 사람이 기쁨에 넘치고
해는 아버지의 눈 인양 부드러운 빛으로 어루만지네.

철새가 돌아오니 봄은 더욱 아름다워지고
젊은이는 자기들끼리 떠들썩하며 즐거워하는데
묘지에서 일어난 듯 깊은 잠에서 깨어난 늙은이들
동료들과 제 방식대로 허세를 부리네.

상류와 저지대의 촌락에서 나온 사람들은
서로 웃고 인사 나누며 포옹을 하네.
집안 살림 걱정에서 해방된 젊은 아낙들은
귓속말로 마음껏 비밀이야기를 나누네.

낙타가 울고 양이 울어 집짐승우리는 소란스럽고
나비와 새들은 골짜기에서 명절을 맞이하였네.
고개 숙여 부드럽게 흔들리는 꽃과 잎사귀는
흐르는 물에 호기심 어린 시선을 던지네.

백조와 거위들은 젊잖게 호숫가를 거닐고
아이들은 기쁨으로 새알을 찾아 뛰어다니네.

화살처럼 매잡이 기수의 팔에서 날아간 매들
번개의 섬광처럼 사냥물을 낚아채 오르네.
처녀들은 말안장에 붙잡혀 매달린 새들에게
몸을 굽혀 응석부리며 부드러운 추파를 던지네.

가장 고운 옷으로 치장한 젊은 여인들은
갖가지 색의 풀잎에 제 옷 무늬를 덧대놓으며
벌판에는 종달새, 저지에서는 꾀꼬리가 노래하고
부엉이와 뻐꾸기가 산에서 맞장구 치네.

새 물건을 실은 상인들이 바삐 오가고
농민들은 땅을 파서 씨를 뿌리네.
사람들의 겨울걱정 백배나 더 보상받아
새로운 짐승 새끼 떼가 배로 늘어나네.

땅을 너그럽게 장식해주신 전능한 하느님의
관대한 자비심이 온 세상을 덮네.
행복에 잠긴 땅은 걱정하는 어머니마냥 우릴 먹이고
머리 위 창공은 명철한 아버지마냥 우리를 지켜보네.

마음은 하느님께 끝없는 감사를 드리네,
시절을 보내주시고 이 땅에 생명을 되돌려주심을.
집짐승들은 살이 지고 유족해지며
백성들은 기분이 좋아 마냥 즐거워하네.

검은 돌 외에는 삼라만상이 따뜻해지고

제1부
자연(풍경)에 대한
서정시

깊고 부드러운 눈발으로

구두쇠 외에는 모든 이가 너그러워지네.
황홀한 마음으로 창조주를 바라보면
만물이 그분 안에서 녹고 심장은 넘치는 힘으로 채워지네.

노인과 노친들은 햇볕을 쪼이고 아이들은 떠들며
집짐승들은 배부름에 허덕이며 땅에서 뒹구네.
하늘에서 지저귀는 새들은 가창을 멈추지 않고
호수의 거위는 소리를 지르고 백조는 노래를 부르네.

해가 지고나면 달과 별들의 시간이 돌아와
그들은 밤의 반짝임으로 축전을 거행하지만
아침이 오면 해오름을 느끼기라도 하는 것처럼
그들은 창백해지며 혈기 있는 모습을 잃어버리네.

해는 신랑이요 땅은 해를 그리워하는 신부라
그들의 정열적인 사랑은 위대하구나.
달과 별들이 오래도록 땅의 주위를 맴돌았으나
신랑이 오니 그만 꼬리를 감추고 말았구나.

봄바람은 좋은 소식을 알려주는 예언자
만물은 여름이 가까워져 옴을 기념하며 기뻐하네.
땅은 자신을 감싼 하얀 수의를 벗어던지고
부드러운 미소를 띠면서 잠에서 깨어나네.

땅은 온 겨울 내내 신랑인 해를 그리워하며
그렇게 바라던 때를 기다려왔다네.

이제는 해가 내쉬는 숨으로 배가 불러
옛이야기 새처럼 살이 지고 아름다워졌네.

사람은 해를 마주 보지도 못하면서
해의 따뜻함으로 마음을 덥히길 좋아하네.
나는 수없이 황홀해하며 바라보았네,
해가 자기의 황금 천막으로 들어가는 것을.

1890

제1부
자연(풍경)에 대한
서정시

Жазғытұры

Жазғытұры қалмайды қыстың сызы,
Масатыдай құлпырар жердің жүзі.
Жан-жануар, адамзат анталаса,
Ата-анадай елжірер күннің көзі.

Жаздың көркі енеді жыл құсымен,
Жайраңдасып жас күлер құрбысымен.
Көрден жаңа тұрғандай кемпір мен шал,
Жалбаңдасар өзінің тұрғысымен.

Қырдағы ел ойдағы елмен араласып,

Күлімдесіп, көрісіп, құшақтасып.
Шаруа қуған жастардың мойыны босап,
Сыбырласып, сырласып, мауқын басып.

Түйе боздап, қой қоздап — қора да шу,
Көбелекпен, құспенен сай да ду—ду.
Гүл мен ағаш майысып қарағанда,
Сыбдыр қағып, бұраңдап ағады су.

Көл жағалай мамырлап қу менен қаз,
Жұмыртқа іздеп, жүгіріп балалар мәз.
Ұшқыр атпен зырлатып тастағанда,
Жарқ—жүрқ етіп ілінер көк дауыл баз.
Күс қатарлап байлаған қанжығаға
Қыз бұраңдап жабысып, қылады наз.

Жазға жақсы киінер қыз—келіншек,
Жер жүзіне өң берер гүл—бәйшешек.
Қырда торғай сайраса, сайда — бұлбұл,
Тастағы үнін қосар байғыз, көкек.

Жаңа пүлмен жамырап саудагерлер,
Диханшылар жер жыртып, егін егер.
Шаруаның бір малы екеу болып,
Жаңа төлмен көбейіп, дәулет өнер.

Безендіріп жер жүзін тәңірім шебер,
Мейірбандық дүниеге нұрын төгер.
Анамыздай жер иіп емізгенде,
Бейне әкеңдей үстіңе аспан төнер.

Жаз жіберіп, жан берген қара жерге
Рахметіне алланың көңіл сенер.
Мал семірер, ақ пенен ас көбейер,
Адамзаттың көңілі өсіп көтерілер.

Қара тастан басқаның бәрі жадырап,
Бір сараңнан басқаның пейілі енер.
Тамашалап қарасаң тәңірі ісіне,
Бойың балқып, еріді іште жігер.

Кемпір-шал шуақ іздеп, бала шулар,
Мал мазатсып, қуанып, аунап-қунар.
Жыршы құстар әуеде өлең айтып,
Қиқу салар көлдегі қаз бен қулар.

Күн жоқта кісімсінер жұлдыз бен ай,
Ол қайтсін қара түнде жарқылдамай.
Таң атқан соң шығарын күннің біліп,
Өңі қашып, бола алмас бұрынғыдай.

Күн — күйеу, жер — қалыңдық сағынышты,

Құмары екеуінің сондай күшті.
Түн қырындап жүргенде көп қожаңдап,
Күйеу келді, ай, жұлдыз к... қысты.

Ай, жұлдызға жылы жел хабар беріп,
Жан—жануар қуанар тойға еleriп.
Азалы ақ көрпесін сілке тастап,
Жер күлімдер, өзіне шырай беріп.

Күн — күйеуін жер көксеп ала қыстай,
Біреуіне біреуі қосылыспай,
Көңілі күн лебіне тойғаннан соң
Жер толықсып, түрленер тоты құстай.

Адам тіктеп көре алмас күннің көзін,
Сүйіп, жылып тұрады жан лебізін.
Қызыл арай сары алтын шатырына,
Күннің кешке кіргенін көрді көзім.

1890

2 여름

제1부
자연(풍경)에 대한
서정시

깊고 부드러운 눈밭으로

무더위가 고집을 부리니
풀과 나무들 줄기마다
한껏 아름다움을 뽐내며 자라나네.
강둑이 있는 마을이 부산을 떨고
강물이 굽이치며 환호하네.
풀잎에 몸이 가려진 수말들
눈길 닿는 곳마다 척추들이 어른거리고
암말들의 옆구리도 언뜻언뜻 내비치네,
그들은 한숨을 쉬며 히힝거리네, 배가 부르다고.
그리고 풀숲에서 몸을 식히며 서있구나,
이따금씩 꼬리를 들어 올리면서.
주위에는 망아지들 뛰노는데
발을 구르며 만족해하고
호숫가의 새들은 소리를 지르며
부리나케 물위로 날아가네.
천막집의 새각시들은 천막뼈대를 높이고는
무리지어 서성거리다가
팔굽을 마주치며 까르르 웃네,
서로 앞 다투어 소곤거리면서.
부자는 풀어놓은 집짐승을 돌아보고
아무런 걱정 없이

진달음으로 말을 몰아
서둘러 마을로 돌아가네.
말젖술통 주위에는 노인들
앉아서 이야기를 나누고 있구나,
무엇이 우스운지 수염을 막 흔들면서.
하인은 고기조각을 얻어먹으려고
몰래 아이를 보내
제 어미에게 떼를 쓰며 조르게 하네.
노인들 위에는 더위를 막는 처마가 있고
그 밑에는 화려한 주단들이 깔렸어라
찻주전자는 부글부글 끓어오르는데
그들은 놀음에 열중해 있구나.
이제 네 개의 말굽으로 질주하는 말처럼
박식한 사람들이 이야기를 시작하고
다른 사람들은 능숙하게 고개를 끄덕이네,
믿음의 눈길로 그들의 입만 바라보면서.
하얀 옷을 입은 노인은
지팡이를 끌고 와서
힘차게 목동들을 꾸짖네,
"양 떼를 몰지 않고 뭘 꾸물거리느냐!"
그리고는 소란을 피우네, 혹 부자가
불쌍한 자기를 보고 칭찬해주리라 믿으면서.
부자는 그를 가엽게 여겨 제 곁으로 부르리라,
말젖술도 한 잔 부어주리라.

말떼를 치는 이들은
윗옷소매 끝을 접어올리고
아침부터 말을 길들이다
긴장과 걱정에 지쳐서 집으로 돌아가네.
총을 쏘고 소리를 지르며
서두르는 젊은 무리들은
기슭을 따라 사냥물을 찾고 있구나.
매 한 마리 잠시 물위에 나타나더니
날개 치는 거위를
쏜살같이 내리꽂아 낚아채 오르네.
날이 저무니 한낮의 분주함이 완전히 사라졌구나,
일을 마치니 무언가 더 얻으려 해도 그럴 힘이 없구나.
우리가 아는 사람 그 불쌍한 노인은
기분이 좋아 외따로 웃으며 서있네,
부자에게 자기의 존경심을 보여주려고.

1886

제1부
자연(풍경)에 대한
서정시

깊고 부드러운 눈밭으로

Жаз

Жаздыгүн шілде болғанда,
Көкорай шалғын, бәйшешек,

Ұзарып өсіп толғанда;
Күркіреп жатқан өзенге,
Көшіп ауыл қонғанда;
Шұрқырап жатқан жылқының
Шалғыннан жоны қылтылдап,
Ат, айғырлар, биелер
Бүйірі шығып, ыңқылдап,
Суда тұрып шыбындап,
Құйрығымен шылпылдап,
Арасында құлын-тай
Айнала шауып бұлтылдап.
Жоғары-төмен үйрек, қаз
Ұшып түрса сымпылдап.
Қыз-келіншек үй тігер,
Бұрала басып былқылдап,
Ақ білегін сыбанып,
Әзілдесіп сыңқылдап.
Мал ішінен айналып,
Көңілі жақсы жайланып,
Бай да келер ауылға,
Аяңшылы жылпылдап;
Сабадан қымыз құйдырып,
Ортасына қойдырып,
Жасы үлкендер бір бөлек

제1부
자연(풍경)에 대한
서정시

깊고 부드러운 눈밭으로

Кеңесіп, күліп сылқылдап.

Жалшы алдаған жас бала,

Жағалайды шешесін

Ет әпер деп қыңқылдап.

Көлеңке қылып басына,

Кілем төсеп астына,

Салтанатты байлардың

Самауырыны бұрқылдап.

Білімділер сөз айтса,

Бәйгі атындай аңқылдап,

Өзгелер басын изейді,

Әрине деп мақұлдап.

Ақ көйлекті, таяқты

Ақсақал шығар бір шеттен

Малыңды әрі қайтар деп,

Малшыларға қаңқылдап.

Бай байғұсым десін деп,

Шақырып қымыз берсін деп,

Жарамсақсып, жалпылдап.

Шапандарын белсенген,

Асау мініп теңселген

Жылқышылар кеп тұрса,

Таңертеңнен салпылдап.

Мылтық атқан, құс салған

Жас бозбала бір бөлек
Су жағалап құтыңдап.
Қайырып салған көк құсы
Көтеріле бергенде,
Қаз сыпырса жарқылдап.
Өткен күннің бәрі ұмыт,
Қолдан келер қайрат жоқ,
Бағанағы байғұс шал
Ауылда тұрып күледі,
Қошемет қылып қарқылдап.

1886

3 가을

하늘은 어두운 구름의 공격에 둘러싸이고
축축한 안개가 끈끈하게 주위를 덮어버리네.
말들이 지나가네, 암말들이 뛰고 작은 수말들도 뛰어가네,
마치 누군가가 그들을 녹여버릴 듯 위대하고 강력하구나.

지난날과 달리 광야엔 풀도 없고 꽃도 없고
웃음소리도, 아이들의 소란스런 소동도 들리질 않네.
나뭇잎은 모조리 지고 갈대는 벌거벗은 채 갈 길을 잃었어
    라…
마치 그들 나무와 갈대가 이웃의 걸인 가족이라도 되는 듯.

누군가가 가죽을 무두질하려 하지만,
그러나 구멍이 난 옷을 입고서는 할 수가 없네.
아낙들은 천막집에서 실을 바늘에 끼워 찢어진 천을 깁고
시어미들은 추위에 덜덜 떨면서 바느질을 맡기네.

텃새들이 줄지어 날아다니네, 그들에게는 먼 나라가 필요 없지,
호밀을 찾아 모여든 대상들의 행렬도 멀리 사라지고.
어디서도 산책소음 들리질 않고 명절에 모이는 무리도 보이
    질 않네,

어디를 가 봐도 모든 곳에 우울함이 있구나.

노인과 노친… 몸을 옹송그리고 있는 어린애…
초원에는 오직 추위만이 침울하게 자기 날을 보내고 있네.
국물도 뼈다귀도 들어가지 않은 음식이 나온 날에
개들은 집에 가만히 누워있을 줄 모르고 쥐처럼 빌빌거리네.

유목은 줄어들고 사방천지는 풀 없는 빈 땅뿐
바람이 불기 시작하면 그 누구도 먼지를 피하지 못하네.
카자흐인들은 불을 지펴 검댕을 천막에 묻히지 말라하는데
그런 교만이 어디에 필요한가, 이렇게도 추운 때에?

1888

Күз

Сұр бұлт түсі суық қаптайды аспан,
Күз болып, дымқыл тұман жерді басқан.
Білмеймін тойғаны ма, тоңғаны ма,
Жылқы ойнап, бие қашқан, тай жарысқан.

Жасыл шөп, бәйшешек жоқ бұрынғыдай,

Жастар күлмес, жүгірмес бала шулай.
Қайыршы шал-кемпірдей түсі кетіп,
Жапырағынан айрылған ағаш, курай.

Біреу малма сапсиды, салып иін,
Салбыраңқы тартыпты жыртық киім.
Енесіне иіртіп шуда жібін,
Жас қатындар жыртылған жамайды үйін.

Қаз, тырна қатарланып қайтса бермен,
Астында ақ шомшы жүр, ол бір керуен.
Қай ауылды көрсең де, жабырқаңқы,
Күлкі-ойын көрінбейді, сейіл-серуен.

Кемпір-шал құржаң қағып, бала бүрсең,
Көңілсіз қара суық қырда жүрсең.
Кеміл сүйек, сорпа-су тимеген соң,
Үйде ит жоқ, тышқан аулап, қайда көрсең.

Күзеу тозған, оты жоқ елдің маңы,
Тұман болар, жел соқса, шаң-тозаңы.
От жақпаған үйінің сұры қашып,
Ыстан қорыққан қазақтың құрысын заңы.

1888

동짓달과 섣달이 돌아왔구나, 이 달들은 고요하여라,
부자는 겨울이 올 때까지 필요한 물건을 건드리지 않으리.
그는 미리 식량을 다 먹어치우는 걸 원치 않아
가을 임시유숙지에서 힘든 시간을 견디네.

목동들은 부자의 집짐승을 치는 것밖에는 모르지,
그들에게 필요한 건 큰 불을 피우기 위한 장작뿐.
그들의 아내들은 부산을 떨며 큰 나무통에서 가죽을 이기네,
자그마한 곳에서 바늘을 꼭꼭 끼우며 남정네들 겉옷을 짓네.

따뜻한 불이 없으면 아이들은 일어나지도 앉지도 못하고
사지를 마음대로 벌리지도 온 몸을 녹이지도 못하지.
만일 거기에 늙은이가 있다면 그들은 힘이 들리라,
바람은 울부짖고 엄혹한 추위는 주위 멀리까지 퍼져있어라.

부자는 늙고 다리를 저는 양을 잡았구나,
가난뱅이는 그런 잔치 상을 꿈조차 꾸지 못하는데.
만일 부자의 아내가 그에게 쇠똥연탄을 반자루쯤 준다면
그것도 아주 큰 선물로 생각해야 하리라.

부자의 아들은 눈이 오고 눈보라가 몰아쳐도 춥지가 않다네,
두꺼운 천으로 천막집이 팽팽하게 씌워져있으니.
하지만 하인의 아들은 언제나 그를 시중한다네,
원하든 원하지 않든 그 어디서든 그의 곁을 지키네.

제1부
자연(풍경)에 대한
서정시

그 아이는 부자의 천막집에 가기로 미리 정해져 있고
부자의 아들에게서 무언가를 훔쳐오면 그것으로 만족해하네.
그는 언제나 천막집 뒤 짐 놓는 곳에 얼씬거리길 좋아하지,
햇볕이 따뜻이 몸을 녹여줄 장소를 찾아서.

부자와 그의 아내는 제 아들을 극진히 돌보는구나,
그러니 그는 아주 못된 자식으로 자라나리라.
그는 잘 사는 게 수치스러워 친구 앞에서 밥을 넘기질 못하네,
아직 그는 어려도 지혜로움으로는 이미 아이가 아니로구나.

부자는 절대로 가난뱅이와 나누어먹지를 않네,
"열심히 일하면 다 보상받을 것이다"라고 하면서.
부자는 무정하고 하인은 노동에 무심하여라,
하느님은 괜히 이런 쌍을 창조하는, 지나친 일을 하셨구나.

가난뱅이더러 이따금씩 조용히 도둑질 하라고 하라,
부자여 그의 노동을 존중하라, 가축방목이 그리 쉬운 일이
    아니니.
봄이 올 때까지 노인과 아이들의 몸을 녹여주라,
어쨌든 그대는 그렇게 미치도록 못살게 구는 눈보라가 아니
    잖은가.

1889

Караша, желтоқсан мен сол бір—екі ай –
Қыстың басы бірі ерте, біреуі жәй.
Ерте барсам жерімді жеп қоям деп,
Ықтырмамен күзеуде отырар бай.

Кедейдің өзі жүрер малды бағып,
Отыруға отын жоқ үзбей жағып.
Тоңған иін жылытып, тонын илеп,
Шекпен тігер қатыны бүрсең қағып.

Жас балаға от та жоқ тұрған маздап,
Талтайып қақтана алмай, өле жаздап.
Кемпір—шалы бар болса, қандай қиын,
Бір жағынан қысқанда о да азынап.

Кәрі қой ептеп сойған байдың үйі,
Қай жерінде кедейдің тұрсын күйі?
Қара қидан орта қап ұрыспай берсе,
О да қылған кедейге үлкен сыйы.

Қар жауса да, тоңбайды бай баласы,
Үй жылы, киіз тұтқан айналасы.
Бай ұлына жалшы ұлы жалынышты,
Ағып жүріп ойнатар көздің жасы.

Бай үйіне кіре алмас тұра ұмтылып,
Бала шықса асынан үзіп—жұлып,
Ық жағынан сол үйдің ұзап кетпес,
Үйген жүктің күн жағын орын қылып.

Әкесі мен шешесі баланы аңдыр,
О да өзіңдей ит болсын, азғыр—азғыр.
Асын жөндеп іше алмай қысылады,
Құрбысынан ұялып өңшең жалбыр.

Жалшы үйіне жаны ашып, ас бермес бай,
Артық қайыр артықша қызметке орай.
Байда мейір, жалшыда пейіл де жоқ,
Аңдыстырған екеуін құдайым—ай!

Алса да аяншақтау кедей сорлы,
Еңбек білмес байдың да жоқ қой орны.
Жас бала, кемпір—шалын тентіретпей,
Бір қыс сақта, тас болма сен де о құрлы.

1889

제1부
자연(풍경)에 대한
서정시

깊고 부드러운 눈밭으로

5 겨울

커다란 체구에 흰옷을 입고 하얀 수염을 드리운 이 누군가,
그는 눈도 멀고 벙어리라서 아무의 사정도 봐주지 않네,
머리끝에서 발끝까지 서리가 낀 차가운 얼굴,
어디를 가든 그 어디서든 바람소리를 뿜어내네.
그의 숨결은 살을 에는 듯한 추위와 눈보라,
그대의 옛 사돈인 겨울이 근심을 몰고 찾아왔구나.

그는 구름마냥 털모자를 비틀어지게 눌러쓰고
붉은 얼굴은 매서운 추위를 맞아 더욱 빨개졌구나.
눈썹은 덥수룩이 내려와 두 눈을 가렸는데
눈을 흩뿌리고는 머리를 흔들어 모두를 모질게 괴롭히네.
그러다 분노하면 거침없이 눈보라로 휘날리느니
여섯 개 날개를 가진 천막집도 마구 뒤흔들어놓네.

호기심에 가득 차 밖으로 뛰어다니는 아이들
조막 발도 꽁꽁 얼고 손과 볼은 얼음덩이가 되었구나.
덧옷 위에 털외투를 잡아당겨 입은 목동도
낯을 때리는 바람을 못 견뎌 등을 돌리고 말았어라.
지칠 줄 모르고 뛰어다니는 말들도 기력이 다해
벌써 쇠약해져가네, 겨울눈 가득히 덮인 목장에서.

혹독한 겨울에는 늑대들 사납게 머리를 드밀리라,
목동들아, 늑대가 집짐승을 찢어죽이지 않도록 하라.
새 방목지로 집짐승을 몰아 그들을 지키고
졸지 말고 열중하여 잠의 요새를 깨뜨려라.
차라리 콘듸바이나 카나이*더러 훔쳐가라 하라,
그 저주스런 늙다리인 늑대를 빈손으로 보내주거라.

1888

Қыс

Ақ киімді, денелі, ақ сақалды,

Соқыр, мылқау, танымас тірі жанды.

Үсті-басы ақ қырау, түсі суық,

Басқан жері сықырлап, келіп қалды.

Дем алысы – үскірік, аяз бен қар,

Кәрі құдаң – қыс келіп, әлек салды.

Ұшпадай бөркін киген оқшырайтып,

Аязбенен қызарып ажарланды.

Бұлттай қасы жауып екі көзін,

---

* 콘듸바이, 카나이(Қондыбай, Қанай) : 이웃 마을사람 이름

Басын сіліксе, қар жауып, мазаңды алды.
Борандай бұрқ—сарқ етіп долданғанда,
Алты қанат ақ орда үй шайқалды.

Әуес көріп жүгірген жас балалар,
Беті—қолы домбығып, үсік шалды.
Шидем мен тон қабаттап киген малшы
Бет қарауға шыдамай теріс айналды.
Қар тепкенге қажымыс қайран жылқы
Титығы құруына аз—ақ қалды.

Қыспен бірге тұмсығын салды қасқыр,
Малшыларым, қор қылма итке малды.
Соныға малды жайып, күзетіңдер,
Ұйқы өлтірмес, қайрат қыл, бұз қамалды!
Ит жегенше Қондыбай, Қанай жесін,
Құр жібер мына антұрған кәрі шалды.

1888

매사냥

깊고 부드러운 눈밭으로 매사냥꾼들 사냥을 나가네,
행여 산 바위에 여우가 나타나지 않을까 추적하면서.
훌륭한 말과 충실한 친구는 더없이 만족스러워라,
그리고 편안하고 몸에 딱 맞는 사냥복도.

별안간 흩어진 여우의 흔적을 찾아냈음일까,
그들은 재치 있는 솜씨로 발자국을 따라 나서네.
사냥꾼은 산위로 몰이꾼은 저지로
정확히 방향을 판단하고 사냥물을 내모네.

눈을 가린 가죽 모자를 벗기니 사냥매 먼 곳을 응시하네,
그리고 노획물을 찾아 하늘위로 솟구쳐 오르네.
낮게 날면 여우가 비탈 위로 올라 살아날 수 있음을 알아
피의 눈을 가진 맹금은 재빨리 창공으로 날아오르네.

뛰어가던 여우는 매를 보고 그 자리에서 굳어버리는구나,
도망쳐도 살 수 없음을 아는 까닭에.
허나 입을 벌려 이빨을 드러내고 위협적인 모습을 보이며
여우 역시 자신의 생존을 위해서 싸우네.

사냥꾼들은 이 놀이를 즐거워하리라, 넘어질 것을
두려워하지 않으며 정신없이 말을 타고 달리리라.
마흔 개의 칼을 날카롭게 곤두세운 여우는
사냥매에게 결코 만만치 않은 적수라네.

매는 용사처럼 서슴지 않고 단숨에 덤벼드네,
여덟 개의 창을 쥐고 포획물에서 눈을 떼지 않은 채.
날개와 꼬리는 바람 가르는 소리를 내네,
사냥매가 하늘에서 질풍같이 몸을 내리꽂을 때.

마치 전장에서 한 장수가 적장과 맞붙어 싸우듯
이들은 번쩍거리는 무기처럼 전투를 하네.
하나는 하늘, 다른 하나는 땅의 자유로운 시민,
그들은 사람의 즐거움을 위해 붉은 피를 뿌리네.

눈이 하얗게 쌓인 벌판, 붉은 여우 위의 검은 매는
마치 물장난하는 눈부신 미녀들 같구나.
검은 머리채와 뾰족한 팔꿈치를 들어 올리고
잔등을 문지르고 문지르다 흠칫흠칫 놀라는.

벌거벗고 굽실굽실한 검은 머리채
분홍빛을 띤 곱고 새하얀 얼굴을 감춰주네…
마치 아름다운 신랑과 신부가
잠자리에서 사랑놀음에 빠져있는 듯.

뒤에서 매의 날개가 부산스럽게 흔들리네,
그가 노획물을 깔아뭉갠 뒤 기뻐하며 맴돌 때에.
매도 주인도 목을 쳐들고 자랑스러워하네,
예순두 개의 간계를 가진 여우를 잡은 후에.

"그대의 말 떼가 서른아홉배로 많아지기를!"
사냥물을 선물 받은 노인들이 행운을 빌어주네.
겨울 모자를 흔든 다음 머리에 눌러쓰고
씹는 담배를 입에 넣으니 기분 절로 좋아라…

만일 노획물을 산열매 따듯 모은다면
자신의 열정과 흥분을 진정시킬 수 있으리라.
가슴에는 나쁜 생각들이 없어라,
그대와 매가 마치 한 정신세계에 있듯이.

이 놀이에서는 그 누구도 해를 입지 않느니
이것은 내가 지금껏 보아온 가장 순진한 것이라.
깊이 생각해본다면 알만하지 않은가,
누구의 심장에 인간성이 있고 마음이 신중한지를.

하지만 알지 못하리라, 빈둥거리며 이걸 무시하는 자는.
살펴보지 않는 자, 이 그림의 아름다움을 모르리라.
허나 그대의 머리에는 그림자가 선명해지리라,
만약 그대가 모든 말마디를 생각하고 곱씹어본다면.

제1부
자연(풍경)에 대한
서정시

만약 사냥책을 읽으려거든 젊은이와 사냥꾼더러 읽게 하라,
매사냥을 해보지 않은 자 인생의 참맛을 알지 못하느니.

1882

Қансонарда бүркітші шығады аңға,

Тастан түлкі табылар аңдығанға.

Жақсы ат пен тату жолдас — бір ғанибет,

Ыңғайлы ықшам киім аңшы адамға.

Салаң етіп жолықса қайтқан ізі,

Сағадан сымпың қағып із шалғанда.

Бүркітші тау басында, қағушы ойда,

Іздің бетін түзетіп аңдағанда.

Томағасын тартқанда бір қырымнан,

Қыран құс көзі көріп самғағанда.

Төмен ұшсам түлкі өрлеп құтылар деп,

Қандықөз қайқаң қағып шықса аспанға,

Көре тұра қалады қашқан түлкі,

Құтылмасын білген соң құр қашқанға.

Аузын ашып, қоқақтап, тісін қайрап,

О да талас қылады шыбын жанға.

Қызық көрер, көңілді болса аңшылар,

Шабар жерін қарамай жығылғанға.

Қырық пышақпен қыржыңдап тұрған түлкі,

О дағы осал жау емес қыран паңға.
Сегіз найза қолында, көз аудармай,
Батыр да аял қылмайды ертең таңға.
Қанат, құйрық суылдап, ысқырады,
Көктен қыран сорғалап құйылғанда.
Жарқ—жұрқ етіп екеуі айқасады,
Жеке батыр шыққандай қан майданға.
Біреуі — көк, біреуі — жер тағысы,
Адам үшін батысып қызыл қанға.
Қар — аппақ, бүркіт — қара, түлкі — қызыл,
Ұқсайды хасса сұлу шомылғанға.
Қара шашын көтеріп екі шынтақ,
О да бүлк—бүлк етпей ме сипанғанда,
Аппақ ет, қып—қызыл бет, жап—жалаңаш,
Қара шаш қызыл жүзді жасырғанда.
Күйеуі ер, қалыңдығы сұлу болып,
Және ұқсар тар төсекте жолғасқанға.
Арт жағынан жаурыны бүлкілдейді,
Қыран бүктеп астына дәл басқанда.
Құсы да иесіне қораздана,
Алпыс екі айлалы түлкі алғанда.
«Үйірімен үш тоғыз» деп жымыңдап,
Жасы үлкені жанына байланғанда.
Сілке киіп тымақты, насыбайды

제1부
자연(풍경)에 대한
서정시

깊고 부드러운 눈밭으로

Бір атасың көңілің жайланғанда.

Таудан жиде тергендей ала берсе,

Бір жасайсың құмарың әр қанғанда.

Көкіректе жамандық еш ниет жоқ,

Аң болады кеңесің құс салғанда.

Ешкімге зияны жоқ, өзім көрген

Бір қызық ісім екен сұм жалғанда.

Көкірегі сезімді, көңілі ойлыға

Бәрі де анық тұрмай ма ойланғанда.

Ұқпассың үстірт қарап бұлғақтасаң,

Суретін көре алмассың, көп бақпасаң.

Көлеңкесі түседі көкейіңе,

Әр сөзін бір ойланып салмақтасаң.

Мұны оқыса, жігіттер, аңшы оқысын,

Біле алмассың, құс салып дәм татпасаң.

1882

말에 대한 묘사

제1부
자연(풍경)에 대한
서정시

깊고 부드러운 눈밭으로

짙은 앞머리와 갈대 같은 귀를 가지고
긴 목과 흘겨보는 눈길은 정녕 야성적이어라.
드센 목덜미와 명주 같은 갈기,
목덜미 아래에는 큰 보조개가 있구나.

콧구멍은 넓고 입술은 크고 두툼하며
또 척추는 산줄기마냥 강하구나.
살진 근육으로 장난치며 가슴도 넓어
먹이를 포획한 매 마냥 억세고 거칠어라.

점토지대처럼 고르고 둥그런 말굽에
넓게 벌려 드리워진 종아리,
경쾌한 긴 다리로 걸음을 내딛는데
어깨뼈는 세상처럼 넓기도 하지.

갈라진 궁둥이, 오목한 몸통, 넓은 옆구리는
아무리 봐도 말안장에 제격이로구나.
메마르고 짧은 꼬리엔 뻣뻣한 털,
꼬리 밑은 불룩하고 튼실하게 살이 쪘구나.

낮은 복사뼈와 네모난 살덩어리,
잘 뛰고 튼튼한 둥근 엉덩이 좀 보게.
배 밑은 반듯하고 얇고 홀쭉한데
다리 사이에 눌려있는 통통한 고환주머니.

뼈마디는 유연하고 종아리는 넓어라
달릴 때는 바람처럼 경쾌하여라.
나는 그를 붙잡아 천막에 매어두고 싶네,
그가 눈을 흘기는 걸 홀로 보며 즐기려고.

그는 초원이 분노하도록 이를 갈며
곧장 달리고 그 주력은 빠르고 강하지,
경주에선 경쟁적이지만 달릴 땐 충직하고,
이런 말이 없다면 망신 아닌가.

말은 어찌나 빠른지 털모자가 치솟고
꾀꼬리처럼 절로 하늘을 오른 듯하여라.
이 귀한 말 타타르 산양보다 빨라
이것만 생각하면 기분이 나른해진다네!…

1886

제1부
자연(풍경)에 대한
서정시

깊고 부드러운 눈밭으로

Шоқпардай кекілі бар, қамыс құлақ
Қой мойынды, қоян жақ, бөкен қабақ.
Ауызомыртқа шығыңқы, майда жалды,
Ой желке, үңірейген болса сағақ.

Теке мұрын, салпы ерін, ұзын тісті,
Қабырғалы, жоталы, болса күшті.
Ойынды еті бөп—бөлек, омыраулы,
Тояттаған бүркіттей салқы төсті.

Жуан, тақыр бақайлы, жұмыр тұяқ,
Шынтағы қабырғадан тұрса аулақ.
Жерсоғарлы, сіңірлі, аяғы тік
Жаурыны етсіз, жалпақ тақтайдай—ақ.

Кең сауырлы тар мықын, қалбағайлы,
Алды—арты бірдей келсе, ерге жайлы.
Күлте құйрық, қыл түбі әлді келіп,
Көтендігі шығыңқы, аламайлы.

Ұршығы төмен біткен, шақпақ етті,
Өзі санды, дөңгелек келсе көтті.
Сырты қысқа, бауыры жазық келіп,
Арты талтақ, ұмасы үлпершекті.

47

Шідерлігі жуандау, бота тірсек,
Бейне жел, тынышты, екпінді мініп жүрсек.
Екі көзін төңкеріп, қабырғалап,
Белдеуде тыныш тұрса, байлап көрсек.

Тығылмай әм сүрінбей жүрдек көсем,
Иек қағып, еліріп жүрсе әсем.
Шапса жүйрік, мінсе берік, жуан, жуас,
Разы емен осындай ат мінбесем!

Аяңы тымақты алшы кигізгендей,
Кісіні бол-бол қағып жүргізгендей.
Шапқан атқа жеткізбес бөкен желіс,
Ыза қылдың қолыма бір тигізбей.

1886

공작꽁지깃 빛깔을 띤 나비들이

제2부 철학의 서정시

프줄리*, 샴씨**, 싸이할리***
나보이****, 싸그디*****, 피르도우씨******,
하피즈******* – 그들 모두의 영혼이
시인에게 노래를 부르도록 힘을 주라하라.

Фзули, Шәмси, Сәйхали,
Навои, Сағди, Фирдоуси,
Хожа Хафиз – бу һәммәси
Мәдәт бер шағири фәрияд.

* 프줄리(Фзули Мухаммед Сулейманоглы, 1494–1556): 아제르바이잔의 시인
** 샴씨(Шәмси, 1247년 사망): 페르시아–타지키스탄의 시인
*** 싸이할리(Сәйхали, 15세기): 동양의 윤리사료인 『디바나 싸이할리』의 저자
**** 나보이(А. Навои, 1441–1501): 우즈베키스탄의 위대한 시인
***** 싸그디(Сағди) 또는 싸아디(Саади, 13세기 초–1292년): 페르시아 고전 문학자
****** 피르도우씨(Фирдоуси, 10–11세기): 이란의 위대한 시인
******* 하피즈(Хафиз, 1389년 사망): 위대한 페르시아어 시인

제2부
철학의 서정시

공작꽁지깃 빛깔을 띤 나비들이

9
공작꽁지깃 빛깔을 띤 나비들이
여름 골짜기마다 분주히 날리라.
튤립 꽃 시들어 목을 구부리면
그 나비들도 죽어 없어지리라.

사람에게 필요한 것이 무엇인가,
사랑하고 느끼고 슬퍼하며
움직이고 바삐 서두르는 것
생각하고 현명하게 말하는 것이니.

시간은 우리 모두를 이끄는 자
저 세월을 다스릴 자 누군가?
덧없는 인간이 촌음에 매여 사느니
우린 시간이 이기는 반죽 같은 것

1902

Тоты құс түсті көбелек
Жаз сайларда гулемек.
Бәйшешек солмақ, күйремек,
Көбелек өлмек, сиремек.

Адамзатқа не керек:
Сүймек, сезбек, кейімек,
Харекет қылмақ, жүгірмек,
Ақылмен ойлап сөйлемек.

51

Әркімді заман сүйремек,
Заманды қай жан билемек?
Заманға жаман күйлемек,
Замана оны илемек.

1902

똑딱거리는 시계소리는 공연한 놀음이 아니라
삶이 순차대로 흐름을 보여주는 것
매 분 매 초가 흡사 인생과 같아서
가고 죽으면 다시는 돌아올 수 없는 운명

시계는 똑딱거리며 날마다 남몰래
인생을 훔쳐가는 도둑.
불안하고 변덕스럽게 왔다가 가버리고는
되돌아오지도, 모호한 시기를 향하지도 않아라.

똑딱거림은 바로 가버린 인생의 상징
매일 마음을 부러뜨리거나 위로할 수 있구나.
그대의 행동은 분명코 지혜가 쓸어가곤 했는데
괜히 잊어버린 듯 그대는 꾀를 부리네.

날이 모여 달이 되고 열두 달이 한해가 되고
해가 모여 이렇게 늙어가게 만드네.

기대하던 행복이 공중누각으로 밝혀졌거든
정의의 하느님이시여, 자유를 해방시켜주옵소서

1896

제2부
철학의 서정시

공작꽁지깃 빛깔을 띤 나비들이

Сағаттың шықылдағы емес ермек,
Һәмишә өмір өтпек — ол білдірмек.
Бір минут бір кісінің өміріне ұқсас,
Өтті, өлді, тағдыр жоқ қайта келмек.

Сағаттың өзі — ұры шықылдаған,
Өмірді білдірмеген, күнде ұрлаған.
Тиянақ жоқ, тұрлау жоқ, келді, кетті,
Қайта айналмас, бұрылмас бұлдыр заман.

Өткен өмір белгісі — осы сыбдыр,
Көңілді күнде сындыр, әлде тындыр.
Ақыл анық байқаған қылығыңды,
Қу шыққансып қағасың босқа бұлдыр.

Күн жиылып ай болды, он екі ай — жыл,
Жыл жиылып, қартайтып қылғаны — бұл.
Сүйенген, сенген дәурен жалған болса,
Жалғаны жоқ бір тәңірім, кеңшілік қыл.

1896

다가오는 것은 짙은 안개에 감춰졌고
주위엔 희망을 안고 기다리는 수많은 눈들.
날들의 먼지를 일으키며 해가 흐르네
가문도, 모든 것의 모양도 모르는 채

이 날들은 영원히 가버린 날들처럼
지나가고 사라지리라, 자취도 남기지 않고.
그리고 그들 어느 행렬엔 가에 최후심판의 날이 오리라,
하느님은 알고 계시지, 어디서 언제 오는지.

기억하라, "나"는 이성이고 "몸"은 나의 것,
우린 두 개의 다른 본질 속에서 평화롭게 살고 있음을.
육체 없는 "나"는 처음부터 불멸하지만
"나의 것"은 구원할 수 없구나, 그걸 너무 슬퍼하지 마라.

그런데 소유의 연기가 그대들을 붙잡느니
그대가 누리는 육체의 기쁨은 헤아릴 수 없구나.
하지만 명예와 사랑, 공평성과 양심은
죽음의 문턱에서 기념비를 세우리라.

그대가 자기의 열정을 집짐승과 바꿔먹고
자신의 깨끗한 몸을 더럽힐지라도
그대는 삶 자체보다 더 환상적일 수는 없는 법,
삶은 모든 기쁨을 조용히 훔쳐갈 것이니.

제2부
철학의 서정시

진실치 못한 이는 온 누리를 자기 것으로 여기고
세상을 제 것으로 만들려는 열심을 갖네.
그러나 마음이 육체로부터 갈라지고 나면
그런 열심이 무엇에 필요한가? 허나 그를 억제할 수 없구나.

실패를 해온 사람들을 불쌍히 여겨라
그리고 사람들에게 애를 써서 봉사하라.
하느님이 사랑하는 것을 그대가 사랑했기에
하느님은 그대를 매우 사랑할 것이니.

봉사하되 모두에게 하진 말고 군중과 섞이지도 마라,
군중 속에서 버림받은 자는 매일 죽느니.
선과 공평함은 의식의 기본이니
그것들이 있는 곳은 어디나 무심히 지나치지 마라

누구는 그대보다 날쌔고 또 누구는 더 박식할지라도
사람은 누구나 자기만의 걱정에 휩싸여 사는 것.
비열한 자들은 괜히 얕은 곳에서 수고하지만
신앙과 진실은 바다보다도 더 깊으니라.

1897

Көк тұман — алдыңдағы келер заман,
Үмітті сәуле етіп көз көп қадалған.
Көп жылдар көп күнді айдап келе жатыр,
Сипат жоқ, сурет те жоқ, көзім талған.

Ол күндер — өткен күнмен бәрі бір бәс,
Келер, кетер, артына із қалдырмас.
Соның бірі — арнаулы таусыншақ күн,
Арғысын бір—ақ алла біледі рас.

Ақыл мен жан — мен өзім, тән — менікі,
«Мені» мен «менікінің» мағынасы — екі.
«Мен» өлмекке тағдыр жоқ әуел бастан,
«Менікі» өлсе өлсін, оған бекі.

Шырақтар, ынталарың «менікінде»,
Тән құмарын іздейсің күні—түнде.
Әділеттік, арлылық, махаббат пен —
Үй жолдасың қабірден әрі өткенде.

Малға сат, пайдаға сат қылығыңды,
Ылайла ылай оймен тұнығыңды, —
Сонда өмірден алдамшы бола алмассың,
Ол білдірмей ұрламақ қызығыңды.

Адам ғапыл дүниені дер менікі,
Менікі деп жүргеннің бәрі онықі.
Тән қалып, мал да қалып, жан кеткенде,
Сонда, ойла, болады не сенікі?

Мазлұмға жаның ашып, ішің күйсін,
Харекет қыл, пайдасы көпке тисін.
Көптің қамын әуелден тәңірі ойлаған,
Мен сүйгенді сүйді деп иең сүйсін.

Көптің бәрін көп деме, көп те бөлек,
Көп ит жеңіп көк итті күнде жемек.
Ғаділәт пен мархамат — көп азығы,
Қайда көрсең, болып бақ, соған көмек.

Әркімнің мақсаты өз керегінде,
Біле алмадым пысығын, зерегін де.
Саяз жүзер сайқалдар ғапыл қалар,
Хақиқат та, дін дағы тереңінде.

1897

12

아는 것이 없으면 자랑하지 마라
먼저 너 자신을 찾고 그 다음에 놀라
너무 많이 웃지 마라
그 즐거움은 텅 빈 것이다.
너는 다섯 가지 나쁜 것을 피하고
이 다섯 가지의 갈망을 알라
네가 사람들과 어울리려 한다면.
네가 삶을 사랑한다면
네 인생에서 모든 것이 이루어지리라.
허풍과 거짓이 무엇인지 알아오라,
게으름, 뒷소리, 술판에 버리는 돈들
너의 원수들은 어디에나 있다.
그러나 생각, 노력, 갈망의 높이,
적은 것으로 만족하는 것, 선량함은
일에 존재하는 다섯 가지의 기적이다.
악을 보는 순간, 또 보면 알 수 있는 악의에
정을 붙이지 마라
선의 모범을 보거든 그 방식과 구조를 기억해두라.
공허한 어린이 짓과 이별한다면
어찌 학문에서 성공하지 않을 수 있겠는가.
비슷하지 않아도 같아지도록 노력해 보라,
아는 것이 많고 박식한 사람과.
그와 비슷해질 수 없다고는
절대로 말하지 마라.

제2부
철학의 서정시

공작꽁지깃 빛깔을 띤 나비들이

학문에 열중하면
그것이 모든 것을 대신해줄 수 있으리라.
지식을 어찌해야 하는가, 네 안에서
불이 타오르지 않고 꺼졌을 때에는,
그리고 현명한 사람들의 생각 속에서
불타는 사랑에 휩싸여있을 때에는.
머리로 납득되지 않으면
그 누구의 법도 받아들이지 마라.
이 말을 지혜로운 노인더러 하라고 하라
아니면, 무엇인가 의심스러울 때엔
부자든 아니든 그 누구도 믿지 마라.
죽더라도 진실에 휩싸이고
무지 앞에서 떨지 마라.
어리석은 이들의 의견이 코란이 아니지 않느냐
만일 격분한다면 자기주장을 고집하라.
너는 사람들 앞에서
조금이라도 자신을 드러내서는 안 된다.
누군가가 무슨 글을 썼다 해도
중요한 건 작가가 아니라 본질이 아니던가.
세상에는 이런 사람들이 얼마나 많았던가,
혓바닥들을 놀리는 자들, 연설가들,
달리고 또 달리는 지도자의 준마들.
헌데? 그들 모두 다 사라졌구나.
생각해보고 재보라 그것이 옳은 길이다.

너의 이성이 받아들이지 않을 때에는
공포감 버리듯 버려도 되고 비웃어도 된다.
마음에 들 때에는
받아들여라, 의미를 펼치기 위하여.
바보들은 많다, 그러나 지식은 드물다,
기억하라, 군중들의 견해가 중요한 것이 아님을.
가까운 사람들의 의견이 달콤해도
그들을 따르려하지 마라.
친척들이건 타인들이건
무지한 자들을 절대로 믿지 마라.
그들은 아무데서나 너를 기다린다.
자신의 머리로 사는 것을 배워라
악을 보면 돌아서라
모든 생각들이 꽃피어날 것이니.
무엇하러 타인에게서 배울 것인가
그들에게는 네가 가진 지식이 없지 않은가,
그러면 네 수고가 다 공염불이 되리라.
사람의 말을 듣고 그를 평가하라
그러나 외모를 보고 말을 기다리지는 마라
생각의 본질을 알아보라
거짓이 자신을 혼란시키지 못하게 하라
뛰어난 학자요 현자인 다우아니*가

---

* 다우아니(Мухаммад ибн Асхад ад-Дауани, 1427-1501): 타지키스탄의 학자. 동방 소요학파 계보의 사상가.

우리에게 이에 대해 쓰고 있다.
진실 때문에 그는 존경 받는다.
그의 책을 읽어보고 마음으로 더 용감해져라
알았으면 그것을 지킬 줄 알라
너 아직 어리므로 부지런 하라.

1886

제2부
철학의 서정시

공작꽁지깃 빛깔을 띤 나비들이

Ғылым таппай мақтанба,

Орын таппай баптанба,

Құмарланып шаттанба,

Ойнап босқа күлуге.

Бес нәрседен қашық бол,

Бес нәрсеге асық бол,

Адам болам десеңіз.

Тілеуің, өмірің алдыңда,

Оған қайғы жесеңіз.

Өсек, өтірік, мақтаншақ,

Еріншек, бекер мал шашпақ –

Бес дұшпаның, білсеңіз.

Талап, еңбек, терең ой,

Қанағат, рақым, ойлап қой –

Бес асыл іс, көнсеңіз.

Жамандық көрсең нәфрәтлі,

Суытып көңіл тыйсаңыз.
Жақсылық көрсең ғибрәтлі,
Оны ойға жисаңыз.
Ғалым болмай немене,
Балалықты қисаңыз?
Болмасаң да ұқсап бақ,
Бір ғалымды көрсеңіз.
Ондай болмақ қайда деп,
Айтпа ғылым сүйсеңіз.
Сізге ғылым кім берер,
Жанбай жатып сөнсеңіз?
Дүние де өзі, мал да өзі,
Ғылымға көңіл берсеңіз.
Білгендердің сөзіне
Махаббатпен ерсеңіз.
Ақыл сенбей сенбеңіз,
Бір іске кез келсеңіз.
Ақсақал айтты, бай айтты,
Кім болса, мейлі, сол айтты –
Ақылменен жеңсеңіз.
Надандарға бой берме,
Шын сөзбенен өлсеңіз.
Аят, хадис емес қой,
Күпір болдың демес қой,

제2부
철학의 서정시

Қанша қарсы келсеңіз.
Көп орында көріне айтпа,
Біздің сөзге ерсеңіз.
Мұны жазған кісінің
Атын білме, сөзін біл!
Осы жалған дүниеден
Шешен де өткен не бұлбұл,
Көсем де өткен не дүлдүл.
Сөз мәнісін білсеңіз,
Ақыл — мизан, өлшеу қыл.
Егер қисық көрінсе,
Мейлің таста, мейлің күл.
Егер түзу көрінсе,
Ойлап—ойлап, құлаққа іл.
Ақымақ көп, ақылды аз,
Деме көптің сөзі пұл.
Жақынның сөзі тәтті деп,
Жақыным айтты дей көрме.
Надандықпен кім айтса,
Ондай түпсіз сөзге ерме.
Сізге айтамын, хаупім — бұл.
Өзің үшін үйренсең,
Жамандықтан жиренсең,
Ашыларсың жылма—жыл.

Біреу үшін үйренсең,
Біреу білмес, сен білсең,
Білгеніңнің бәрі — түл.
Сөзіне қарай кісіні ал,
Кісіге қарап сөз алма.
Шын сөз қайсы біле алмай,
Әр нәрседен құр қалма.
Мұны жазған білген құл –
Ғұламаһи Дауани,
Солай депті ол шыншыл.
Сөзін оқы және ойла,
Тез үйреніп, тез жойма,
Жас уақытта көңіл — гүл.

1886

제2부
철학의 서정시

젊은 시절 나는 학문을 중시하지 않았었네,
그 유익함을 알면서도 배우려 애쓰지 않았네.
어른이 되니 그건 접근할 수 없는 것이 되어버렸고
그걸 난 너무나도 늦게 알아차렸네.
내게 아무 것도 남아있지 않은 것이 누구 잘못일까?
만일 내가 공부했다면 지금 이렇게 되어있을까?

사람의 기쁨 중에 하나는 아이들,
하여 난 아이들을 가르치는 것에 반대하지 않았네.
나는 공부하라고 아들을 학교에 보냈네,
근무나 하며 관직을 받으라고 보낸 것이 아니고.

그리고 나 자신도 달라져 산마루로 올라서기 시작했네,
웅변에서는 어느 카자흐인도 날 당하지 못하게 되었네.
그러나 애석하구나, 그대의 수고를 알아줄 사람이 없으니,
결국에는 조용한 인생이 옳은 것이라 인정하고 말았다네.

1885

Жасымда ғылым бар деп ескермедім,
Пайдасын көре тұра тексермедім.
Ержеткен соң түспеді уысыма,
Қолымды мезгілінен кеш сермедім.
Бұл махрұм қалмағыма кім жазалы,
Қолымды дөп сермесем, өстер ме едім?

Адамның бір қызығы — бала деген,
Баланы оқытуды жек көрмедім.
Баламды медресеге біл деп бердім,
Қызмет қылсын, шен алсын деп бермедім.

Өзім де басқа шауып, төске өрледім,
Қазаққа қара сөзге дес бермедім.
Еңбегіңді білерлік еш адам жоқ,
Түбінде тыныш жүргенді теріс көрмедім.

1885

제2부
철학의 서정시

공작꽁지깃 빛깔을 띤 나비들이

14

시문학은 고결하고 존귀한 말들의 황제
그대의 재능은 맞지 않는 것도 맞게 하는 것이다
그것이 모든 곳에 똑같은 정열을 가져다주며
우리의 혀와 심장을 기쁘게 해주라 하자

그러나 다른 언어들이 더러워지기 시작하면
그 시인은 우리 안에서 재능이 없는 것이다.
말하는 사람과 듣는 사람은 같고도 같다,
귀 없고 눈 없는 무지한 사람의 한 쌍.

코란의 구절과 예언자의 말들은 기본 중의 기본.
이행시에 삽입된 것은 무언가를 덮는 것과 같아
만일 언어가 내용으로도 멋있지 않다면,
하느님과 예언자는 묵언으로 표현했으리라.

예배당에서 설교를 하는 승려는
기도하며 운명을 저주하는 성스러운 사람
매 사람들은 할 수 있는 만큼 노력한다.
자기 방식대로 머리에 있는 것을 짓는다.

누구나 자신을 시를 쓸 수 있는 사람으로 여기지만
시문학은 가끔씩 그들의 부름에 귀가 멀었다.
겉의 번쩍거림이 없는 귀중한 시들을
아직 카자흐인 중 어느 누구도 짓지 못했다.

내가 늙은 판관들을 살펴보았다,

그들은 말할 때 속담을 아주 귀중히 여긴다.
음유시인들도 어두운 무지에 있는 것이다,
그들은 아무 데도 쓸 모 없는 허튼말을 한다.

코브즈와 돔브라*로 사람들 속에서 노래 부르며
그들은 앞에 보이는 아무나 칭찬한다.
그건 더러운 매수, 그들은 언어를 모욕했다,
돔브라를 가지고 아무 고장이나 다니면서.

그들은 탐욕으로 불타 애를 쓴다,
주인들을 간사한 눈으로 바라보면서.
남의 편으로 부끄럼 없이 기어들어가
너무나도 현명하게 제 고장을 노래한다.

아부를 좋아하는 부자에게로 간다,
더 많은 집짐승을 가질 수 있다고 믿고.
카자흐인은 시를 존경하지 않는다
허황된 말 하는 것을 영광으로 생각할 뿐.

판관들과 달리 나는 언어를 장식하지 않겠다,
또 음유시인들처럼 아부하며 울지도 않겠다.
내 말을 듣는 자여 보이는가, 언어가 깨끗해진 것이
그대도 이 말의 정신에 맞는 사람이 되라.

그들은 장수들의 전쟁을 찬양하고

---

* 코브즈, 돔브라 : 카자흐스탄과 중앙아시아 전통의 2현악기들

제2부
철학의 서정시

여인들에 대해 노래하지, 그들의 수요를 높이며.
차라리 한가하게 시간을 죽이는 것이 기쁘리라
그대는 매 말마디를 신중히 들었으리라

이성적인 말은 백성들이 듣지 않는다,
그들은 자기 것을 받아들이려 움직이지 않으며
너무나 무지하여 될 수 없을 만큼 철면피하다.
미안하구나, 이것이 그대를 자극했다면.

조용히 발끝으로 조각들을 긁어 뜯느라 애쓰며
사람마다 무언가를 얻으려고 노력한다.
어찌 그리 교만하고 욕심 많은 것들이 쟁취할 수 있겠는가,
고귀하고도 귀중한 열린 본질을?

수치스러운 방법으로 제 집짐승을 더 많이 취하면서
교활하다는 말을 미리 듣는 것을 기뻐한다.
평화로운 부자도 원수들이 위협한다,
그도 곤경에 빠질 거라고 믿으면서.

정직, 양심, 열중과 명예,
그 누구도 이 중 어느 것 하나 더 좋아하려 하지 않는다.
그 누구도 지식을 찾지 않고 깊은 생각도 찾지 않는다,
비방과 뒷소리들을 터럭처럼 비벼버리며.

1887

Өлең — сөздің патшасы, сөз сарасы,
Қиыннан қиыстырар ер данасы.
Тілге жеңіл, жүрекке жылы тиіп,
Теп-тегіс жұмыр келсін айналасы.

Бөтен сөзбен былғанса сөз арасы,
Ол — ақынның білімсіз бишарасы.
Айтушы мен тыңдаушы көбі надан,
Бұл жұрттың сөз танымас бір парасы.

Әуелі аят, хәдис — сөздің басы,
Қосарлы бәйтмысал келді арасы.
Қисынымен қызықты болмаса сөз,
Неге айтсын пайғамбар мен оны алласы.

Мешіттің құтпа оқыған ғұламасы,
Мүнәжәт уәлилердің зар наласы.
Бір сөзін бір сөзіне қиыстырар,
Әрбірі келгенінше өз шамасы.

Өлеңге әркімнің-ақ бар таласы,
Сонда да солардың бар таңдамасы.
Іші алтын, сырты күміс сөз жақсысын
Қазақтың келістірер қай баласы?

Бұрынғы ескі биді тұрсам барлап,

제2부
철학의 서정시

Мақалдап айтады екен, сөз қосарлап.
Ақындары ақылсыз, надан келіп,
Көр-жерді өлең қыпты жоқтан қармап.

Қобыз бен домбыра алып топта сарнап,
Мақтау өлең айтыпты әркімге арнап.
Әр елден өлеңменен қайыр тілеп,
Кетірген сөз қадірін жұртты шарлап.

Мал үшін тілін безеп, жанып жалдап,
Мал сұрап біреуді алдап, біреуді арбап.
Жат елде қайыршылық қылып жүріп,
Өз елін бай деп мақтар құдай қарғап.

Қайда бай мақтаншаққа барған таңдап,
Жиса да, бай болмапты, қанша малды ап.
Қазаққа өлең деген бір қадірсіз,
Былжырақ көрінеді солар даңдақ.

Ескі бише отырман бос мақалдап,
Ескі ақынша мал үшін тұрман зарлап.
Сөз түзелді, тыңдаушы, сен де түзел,
Сендерге де келейін енді аяңдап.

Батырды айтсам ел шауып алған талап,
Қызды айтсам, қызықты айтсам қыздырмалап,

Әншейін күн өткізбек әңгімеге
Тыңдар едің әр сөзін мыңға балап.

Ақыл сөзге ынтасыз, жұрт шабандап,
Көнгенім—ақ соған деп жүр табандап.
Кісімсінген жеп кетер білімсіз көп,
Жіберсем, өкпелеме, көп жамандап.

Амалдап қарағайды талға жалғап,
Әркім жүр алар жердің ебін қамдап.
Мақтан қуған, малқұмар нені ұға алсын,
Шықпаса мыңнан біреу талғап—талғап.

Мал жиып арамдықпен ұрлап—қарлап,
Құсың десе, қуанып жүр алшаңдап.
Қақса—соқса бір пайда түсе ме деп,
Елдің байын еліртіп "жау мұндалап".

Ынсап, ұят, ар, намыс, сабыр, талап –
Бұларды керек қылмас ешкім қалап.
Терең ой, терең ғылым іздемейді,
Өтірік пен өсекті жүндей сабап.

1887

15

라기뜨*는 불과 불길로 태어나
하늘의 번개로 번쩍이네.
그가 거기서 비로 내릴 때
땅은 꽃을 피워 놀라게 해주리라.

누가 무엇인가에 얻어맞았다면
그건 행운이 그를 좋아하지 않는 증거.
말로 번쩍임은 하늘의 선물이니
이를 아는 자 그들과 장난질하지 않네.

불인지 불길인지 누가 아는가?
누가 메마른 열정의 말들을 이해하는가?
그대들은 자신의 가문을 갉아먹고 있음이라
부자여, 그대는 마음이 빈약한 자로다.

그대들은 어서 단념해야 하리라,
악의에 찬 교활성과 음흉한 간계를.
헌데 그대들은 사람을 물어뜯는 개처럼
한 순간조차 떨지도 않는구나.

아, 이것이 무슨 인생인가!
이게 도대체 무슨 백성이란 말인가!
마음에는 불화만이 가득 찬
고집불통 인간쓰레기들아!…

1903

---

* 라기뜨(Рагит): 유대신화에 나오는 불의 천사인 라구일(라구엘) 또는 라지일의 이슬람식 이름. 이 이름의 첫 번째 뜻은 '신의 친구'이고 두 번째 뜻은 '신의 비밀'이다.

Жалын мен оттан жаралып,
Жарқылдап Рағит жайды айдар.
Жаңбыры жерге таралып,
Жасарып шығып гүл жайнар.

Жайына біреу келсе кез,
Белгілі жұмыс, сор қайнад.
Қуаты күшті нұрлы сөз,
Қуатын білген абайлар.

Жалын мен оттан жаралған
Сөзді ұғатын қайсың бар?
Партия жиып, пара алған,
Бейілі кедей байсыңдар.

Кулық пенен құбылдан
Жалықсаң, жақсы жансыңдар.
Түзелмесе шұғылдан,
Арсылдар да, қалшылдар.

Несі өмір,
Несі жұрт?
Өңшең қырт,
Бас қаңғырт!

1903

16

심장에 이성의 빛이 있을 때
말을 들으러 오라.
헌데 빛이 없다면 애석하구나,
아무리 와서 들어도 이해하지 못하리라.
무지는 눈에 든 가시와 같은 것
잘 살펴보고 이제는 알아보라.
페르시아인들의 기도에는 영도자들이 없느니
그들을 따라가지 마라.
소리치는 사람들의 열심이 어디에 필요한가,
지도자들이 없는데.

그대의 백성이 질서를 잡았을 때엔
그리고 그들이 호수 주위에 앉을 때면
나뭇잎들이 살랑거리네,
바람에 살포시 흔들리며.
강물은 흠뻑 설레면서 흐르네,
저 스스로 제 물결로 놀이를 하며.
그대들의 집짐승이 두 배로 늘어나네,
하느님의 뜻은 우리에게 불가해하여라.

그대의 백성이 우울해 있을 때
그들은 진펄의 진창이요 썩어버린 물건
호숫가에 새 소리도 들리지 않고
집짐승들도 더 이상 귀엽지 않아라.

제2부
철학의 서정시

공작꽁지깃 빛깔을 띤 나비들이

악의는 저 자신을 응원하며 집짐승을 모욕하고
그들의 지독한 냄새를 모두 맡아버리네.
이게 누구에게 필요한가, 마르고 냄새가 지독한 것이?
이제 백성들은 죽어서 재나 먼지처럼 흩어지리라...

현명한 지도자는 일자(一者)와 같고
백성들은 공허함이 모인 것과 같아라.
기억하라, 일자는 그들 없이도
이 세상에서 허약하지 않으리라,
허나 강력한 일자가 없다면
공허함들이 어찌 그 많은 무리에서 살겠는가?
평화로운 제 백성을 흐리지 마라
아끼고 불쌍히 여겨라.
심장에 지식의 빛이 있다면
그대보다 현명한 사람들과 논쟁하지 않으리라.

1889

Сәулең болса кеудеңде,
Мына сөзге көңлің бөл.
Егер сәулең болмаса,
Мейлің тіріл, мейлің өл.
Танымассың, көрмессің
Қаптаған соң көзді шел.

Имамсыздық намазда –
Қызылбастың салған жол.
Көп шуылдақ не табар,
Билемесе бір кемел?

Берекелі болса ел –
Жағасы жайлау ол бір көл.
Жапырағы жайқалып,
Бұлғақтайды соқса жел,
Жан-жағынан күркіреп
Құйып жатса аққан сел,
Оның малы өзгеден
Өзгеше боп өсер тел.

Берекесі кеткен ел –
Суы ашыған батпақ көл.
Құс қаңқылдап, жағалап,
Сулай алмас жазғы төл.
Оның суын ішкен мал
Тышқақ тиіп, аспас бел.
Көл деп оны кім жайлар,
Суы құрсын, ол бір – шөл.

Единица – жақсысы

Ерген елі бейне нөл.
Единица нөлсіз—ақ
Өз басындық болар сол.
Единица кеткенде,
Не болады өңкей нөл?
Берекеңді қашырма,
Ел тыныш болса, жақсы сол.
Рас сөзге таласып,
Ақжем болма, жаным, кел!

1889

제2부
철학의 서정시

17

빛나는 눈길에는 생각이 없어라
바보들 무리 속에 있는 무지한 자들.
그들의 눈이 행복으로 빛나며
안일에 휩싸여 터져버릴 것만 같구나.

그대들을 한 번 꾸짖고자 하건만
"다 하느님 탓이다!"라고 그대들은 소리치리라.
그대는 사람들을 가를 수 있는가,
하느님이 우리를 동등하게 창조하셨는데.

심장의 샘을 닦고 닦아라,
그러면 하느님의 빛을 받으리니.
그리고 만일 그 빛이 그대에게 퍼진다면
그대보다 더 명철한 사람은 없으리라.

그러나 무지한 자들의 마음은 암흑에 있고
그 장막은 너무도 강하구나.
날아오를 수 있건만 걱정들이 방해하고
생각은 창조자에게서 너무 멀리 떨어져 있구나.

회교도 승려는 큰 터번을 쓰고
모범의 본질을 틀리게 설명하고 있구나.
그의 마음을 보라, 그는 허약해졌구나.
그는 제 먹이를 기다리는 매와 같아라.

공작꽁지깃 빛깔을 띤 나비들이

그대들이 전혀 이해를 하지 못하는데
내가 무엇하러 말을 하겠는가.
한가하고 터무니없는 구경꾼은 수없이 많지만
말을 알아듣는 사람은 찾을 수가 없어라.

1891

Көзінен басқа ойы жоқ
Адамның надан әуресі.
Сонда да көңлі тым-ақ тоқ,
Жайқаң-қайқаң әр несі.

Білмейсін десе, жел өкпе.
Дейді, - ол-дағы тәңрі ісі.
Бірінен бірі бөлек пе,
Иемнің әділ бендесі?

Жүректің көзі ашылса,
Хақтықтың түсер сәулесі.
Іштегі кірді қашырса,
Адамның хикмет кеудесі.

Наданның көңлін басып тұр,
Қараңғылық пердесі.

Ақылдан бойы қашық тұр,
Ойында бір-ақ шаруасы.

Кітапты молда теріс оқыр,
Дағардай боп сәлдесі.
Мал құмар көңлі – бек соқыр,
Бүркіттен кем бе жем жесі?

Жүректе айна жоқ болса,
Сөз болмайды өңгесі.
Тыңдағыш қанша көп болса,
Сөз ұғарлық кем кісі.

1891

제2부
철학의 서정시

만일 자신의 의지가 약하다면
잠들어 있는 사색의 문을 어찌 뚫고 들어가겠는가?
만일 지식의 빛이 없다면
어찌 짐승처럼 질질 시간을 끌겠는가.

만약 의지가 그대의 지혜보다 높지 않다면
그대는 깊은 곳까지 도달하지 못하리라.
늙은이의 이성은 날개가 없고 침울하여라,
그것은 백발에 덮여 희미해졌구나.

만일 육신의 욕망이 무언가를 요구하면
마음은 그걸 거절한 힘이 없으리라.
만일 육신이 이 약점을 알게 된다면
육신은 욕망을 영원토록 원하고 또 바라리라.

짐승에게도 정신과 육체가 있다.
다만 그들에게는 감정과 지혜가 없을 뿐
만일 생각이 마음속 깊은 곳까지 닿지 못하면
어찌 거기서 무지의 암흑이 활동하지 않겠는가?

만일 내가 사람이라 불린다면
내가 어찌 어두운 무식쟁이가 되겠느냐?
내 백성이 나를 슬프게 하는데
어디서 내가 명성을 떨치겠는가?…

1889

제2부
철학의 서정시

Жүректе қайрат болмаса,
Ұйқтаған ойды кім түртпек?
Ақылға сәуле қонбаса,
Хайуанша жүріп күнелтпек.

Аспаса ақыл қайраттан,
Тереңге бармас, үстірттер.
Қартыңның ойы шар тартқан
Әдеті жеңіп күңгірттер.

Тән сүйгенін бермесе,
Жан шыдамас жаны ашып.
Бере берсең, бер десе,
Үміт етер таласып.

Малда да бар жан мен тән,
Ақыл, сезім болмаса.
Тіршіліктің несі сән,
Тереңге бет қоймаса?

Атымды адам қойған соң,
Қайтіп надан болайын?
Халқым надан болған соң,
Қайда барып оңайын?!

1889

사람들이 칭찬한다 해도 그걸 믿을 이유가 없으니
누군가 그대를 칭송하면 모략을 기다리라.
자신을 믿으라, 모두가 그대를 도우리라
그대의 수고와 지혜를 양쪽에서 붙잡고서.

순진함은 닥쳐오는 모든 재앙의 담보이니
어디에 알맹이 없는 허튼 소리의 칭찬이 필요한가?
속아 넘어간 다른 이들처럼 나 또한 속았노라
그대는 유령을 따라 달리겠는가?

슬픔에 흔들리지 말고 자기 정신을 단련하라
의심스러운 유혹에서는 귀머거리가 되라.
자신에게 몰두하고 심장의 본질을 얻으라,
거기에는 주위에 없는 진실이 있으니

1897

Сенбе жұртқа, тұрса да қанша мақтап,
Әуре етеді ішіне қулық сақтап.
Өзіңе сен, өзіңді алып шығар,
Еңбегің мен ақылың екі жақтап.

Өзіңді сенгіштікпен әуре етпе,
Құмарпаз боп мақтанды қуып кетпе.
Жұртпен бірге өзіңді қоса алдасып,

Салпылдап сағым қуған бойыңа еп пе?

Қайғы келсе, қарсы тұр, құлай берме,
Қызық келсе, қызықпа, оңғаққа ерме.
Жүрегіңе сүңгі де, түбін көзде,
Сонан тапқан – шын асыл, тастай көрме.

1897

제2부
철학의 서정시

20 잎사귀들이 노랗구나, 옛 희망과도 같이
나는 공상 속에서 살았고 그 나날들은 허망했노라
꿈이 안개에 휩싸인 그 옛 나날들이
나를 귀찮게 하네, 날 편안하지 못하게 하네.

꿈들의 한 철을 신중히 받아들이려느냐?
사색의 문을 열고 망상의 사립을 닫으려무나.
뜨거운 심장과 외모와 힘이
그대 안에서 화목하게 결합되어 있느냐?

백성은 신기루의 빛깔과 같아서
그들은 진실을 인정해도 그대를 따르지는 않으리라.
이리도 우매한 자들의 의견이 왜 그대에게 필요한가?

자신을 돌보라, 그대 차례가 왔느니라.

1901

Жапырағы қуарған ескі үмітпен
Қиял қып өмір сүріп, бос жүріппін.
Жыбыр қағыш, көңілді тыншытпайды,
Қашанғы өтіп кеткен бұлдыр көп күн.

Ол дәурен өмір емес, бір көрген түс,
Ойға тойма, қызықты қиялдан күс.
Қарашы, өз бойында түгел ме екен,
Ыстық жүрек, өң-шырай, қуат пен күш?

Төңкеріліп құбылған, жұрт - бір сағым,
Шынға шыдап, қоса алмас ынтымағын.
Көптің аузын күзетсең, күн көрмейсің,
Өзіңді өзің күзет, кел, шырағым!

1901

21

하늘이 눈부시게 활짝 웃음을 웃네,
땅을 무안하고 부끄럽게 만들며.
왜 내가 이렇게도 힘이 들까
더는 아무 것도 받아들이지 못해서일까?

내가 왜 이렇게도 마냥 슬플까
왜 그 무엇도 내 맘을 기쁘게 해주지 않을까?
난 깊은 비애에 버림받은 사람처럼 무너지노라.
이 삶에서 난 왜 이리도 괴로워야 하는가?

행여 내 심장이 노래를 그친 것일까?
혹여 내가 중요한 순간을 놓친 것일까?
지나간 것을 후회하지 않으리라,
다가오는 것에 대한 희망도 버리리라.

나는 오직 달콤한 꿈만 찾고 있네,
모든 걸 잊고 또 잊어버리기 위하여.
죽음이 내게는 너무나도 차가워라,
거기에 온 몸을 담그기에는.

마음에 휴식을 주면서 나는 잠들리라,
가슴은 자유롭고 평화롭게 숨쉬며.
누가 무슨 말다툼에 끼였는지 알았다면
어찌 내가 그와 끝까지 싸우지 않았겠는가.

모든 곳으로부터 멀리 떠나 저 홀로
고독하고 고요한 정적에 휩싸여
그 저주스러운 비애와 이별하고
세상의 부산스러움을 즐기면 참으로 좋으리.

모든 이들을 매혹시키는 재산과 성공
그 텅 빈 허영심이 그들을 따뜻하게 해 주는 곳,
허나 다른 주제에 대해서는 할 말이 없다며
모은 재산만 자랑하는 것은 죄악이라네.

1892

Күлімсіреп аспан тұр,
Жерге ойлантып әр нені.
Бір себепсіз қайғы құр
Баса ма екен бенденi?

Қапамын мен, қапамын,
Қуаныш жоқ көңілде.
Қайғырамын жатамын,
Нені іздеймін өмірде?

Қайтты ма көңіл бетімнен,
Яки бір қапыл қалдым ба?

제2부
철학의 서정시

Өткен күйге өкінбен,
Әм үміт жоқ алдымда.

Іздегенім тәтті ұйқы,
Дүниені ұмытып.
Өлімнің суық дым сықы,
Тұрсын өмір жылытып.

Көз ұйқыда, ой тыншып,
Дем алып жатсын көкірек.
Кім таласса, кім ұрсып
Көрсем оны – сол керек.

Өзім аулақ бетінен,
Бір орында оңаша.
Дүние деген не деген –
Қыла жатсам тамаша

Мансап іздер, мал қуар.
Бәрі мақтан іздеген
Мақтанынан не туар,
Ыза кылып өзгеден?

1892

그림자 머리를 길게 드리우며
시야에서 먼 곳을 감추어버릴 때,
시간이 해를 붉게 물들이며
지평선 너머로 내쫓을 때,

흐릿한 내 마음 다른 마음들과 말하리라,
희미해지는 저녁녘의 황혼*과 함께.
마음들은 우울하게 그걸 바라보며 슬퍼하리라,
갖가지 생각을 사방으로 날리면서.

살아온 삶은 속임수의 오솔길,
그 어딘들 지나오지 않았던가.
누가 기만하고 누가 주먹다짐을 했는지
모든 것이 헤아려질 것이니.

찾아낸 것은 찾은 것이건만
어차피 쓸모없는 것들이어라.
나의 모든 독을 한데 모아
가여운 심장에 뿌리네.

생각이란 길 잃은 강아지 같은 것
슬피 울며 텅 빈 제집으로 돌아가느니.

---

* 황혼 : 직역하면 '시간이 없는 때'이다. 카자흐인들은 낮과 밤의 사이, 즉 땅거미
 지는 때를 '시간이 없는 때'라고 부른다.

그대의 길 막다른 골목 되니 애석하구나,
거기에 골몰하지 말고 그만 내버려두라.

그대에게 수치스럽게 쑥이 자랐구나,
밀알들이 뿌려진 벌판에.
그러니 그 누구에게도 짐이 되지 않게
그만 조용히 숨을 거두게나.

1900

제2부
철학의 서정시

Көлеңке басын ұзартып,
Алысты көзден жасырса;
Күнді уақыт қызартып,
Көкжиектен асырса;

Күңгірт көңілім сырласар
Сұрғылт тартқан бейуаққа,
Төмен қарап мұңдасар,
Ой жіберіп әр жаққа.

Өткен өмір — қу соқпақ,
Қыдырады талайды.
Кім алдады, кім тоқпақ
Салды, соны санайды.

Нені тапсаң, оны тап,
Жарамайды керекке.
Өңкей уды жиып ап,
Себеді сорлы жүрекке.

Адасқан күшік секілді
Ұлып жұртқа қайтқан ой
Өкінді, жолың бекінді,
Әуре болма, оны қой.

Ермен шықты, ит қылып,
Бидай шашқан егінге.
Жай жүргенді уерд қылып,
Тыныш өлсеңші тегінде.

1900

제2부
철학의 서정시

23 하느님께 가는 길은 입을 통해 있지 않으며
말로 사랑하는 것은 힘들지 않다네.
진실한 노력, 감정의 진실,
그 외 다른 건 하느님이 받아들이지 않는다네.

자랑스러워라, 거대한 자연의 모든 힘을
그대는 창조성에 바치는구나.
장하도다, 그대 심장에 있는 지혜의 샘물이
창조자를 향한 열정으로 강렬해질 때.

지혜는 창조자의 힘을 이기지 못하며
그것은 언어로 표현될 수 없는 것.
허나 이는 존재하는 모든 것의 증인이라,
그것이 무엇을 위해 왜 나타났겠는가?

이성이나 지혜는 그 힘을 납득시키지 못하니
그대여, 심장으로 그걸 받아들이라.
스콜라 철학자들은 교리로 부질없이 우기지만
그들이 아는 건 하나도 없어라.

1897

Алла деген сөз жеңіл,
Аллаға ауыз жол емес.

공작꽁지깃 빛깔을 띤 나비들이

93

Ынталы жүрек, шын көңіл
Өзгесі хаққа қол емес.

Дененің барша қуаты
Өнерге салар бар күшін.
Жүректің ақыл суаты
Махаббат қылса тәңрі үшін.

Ақылға сыймас ол алла,
Тағрипқа тілім қысқа аһ!
Барлығына шүбәсіз,
Неге мәужүт ол куа.

Ақыл мен хауас барлығын
Білмейдүр жүрек, сезедүр.
Мүтәкәллимин мантикин
Бекер босқа езедүр.

1897

24

우리의 지혜는 얼음처럼 차갑지만
뜨거운 심장은 언제나 그걸 녹여 주리라.
이지적인 것과 기민함, 인내심의 예견,
의지는 우리에게 탄탄한 통제의 멍에를 씌워주네.
지혜와 심장과 의지를 결합하면
그대는 흔치 않은 완전무결을 쉬 이루리라.
허나 이것들이 따로따로 있으면 손해가 되느니
사람은 많은 해를 끼치는 현상들을 좋아하지 않는다네.
나는 웃지도, 울지도 못하면서 사노라
구겨진 심장, 오직 이것 하나가 재앙이구나.
지혜와 심장과 의지는 제 각각으로는 아무것도 아닌 것
그것들의 지식의 본질은 세월이 지나도 간직되리라.

1889

제2부
철학의 서정시

공작꽁지깃 빛깔을 띤 나비들이

Әуелде бір суық мұз – ақыл зерек,
Жылытқан тұла бойды ыстық жүрек
Тоқтаулылық, талапты шыдамдылық,
Бұл қайраттан шығады, білсең, керек.
Ақыл, қайрат, жүректі бірдей ұста,
Сонда толық боласың елден бөлек.
Жеке-жеке біреуі жарытпайды,
Жол да жоқ жарыместі «жақсы» демек.
Ақыл да, ашу да жоқ, күлкі де жоқ,

Тулап, қайнап бір жүрек қылады әлек.
Біреуінің күні жоқ біреуінсіз,
Ғылым сол үшеуінің жөнін білмек.

1889

양들에게 흐린 물을 지나가게 하라, 물의 기름이
양에게 붙지는 않느니 불쌍한 늑대가 화를 입으리라.
나도 그 늑대처럼 주위를 둘러보네,
어디나 고아의 처지와 버림만이 보이네.

왜 내겐 다른 운명이 차려지지 않는 것일까?
고통스러운 이 삶의 땅을 오래전부터 저주하네.
고독한 내 마음 날면서 뛰어오르건만,
그러나 아무리 둘러보아도 사방천지가 다 어두울 뿐.

나는 온통 하느님에 대해서만 생각하네,
그분은 밤낮없이 나를 당신께로 이끄시네.
허나 보통 사람의 이성은 하느님 앞에서 아무런 힘도 없어
허무한 열성 속에서 그의 열매들은 시들고 마네.

나의 두뇌는 다른 지식을 알 수 있지만
창조자만은 내가 결코 이해할 수가 없구나.
나는 무능함으로 잠들었다가 눈을 뜨네,

또다시 그분을 이해해보려고.

일말의 의심이라도 내겐 전혀 없지만
그분에 대한 생각 없이는 숨 쉴 수조차 없구나.
두뇌로 알아내지 못해 난 신앙을 받아들일 수 없어라,
잠이 아닌 열정이 내 가슴에서 복받쳐 오르네.

그분은 스스로 무한하신 분, 우리에게는 유한을 주시고,
하지만 그분께 돌아가는 것이 우리의 운명이라네.
또 만약 그분에 대해서라면 어찌 목표를 생각지 않을까,
부질없는 일들이 어디에 줄줄이 필요할까?

인생의 길은 끝을 모르는 오솔길
그 시작과 끝은 항상 창조자에게 있음이여.
조심하라, 오솔길은 빙글빙글 계속하여 돌아나가니,
길과 얼굴을 잃지 말고 걸어라!

1895

제2부
철학의 서정시

공작꽁지 깃 빛깔을 띤 나비들이

Лай суға май бітпес қой өткенге,
Күлеміз қасқыр жалап, дәметкенге.
Сол қасқырша алақтап түк таппадым,
Көңілдің жайлауынан ел кеткен бе?

Берген бе тәңірім саған өзге туыс?
Қыласың жер-жиһанды бір-ақ уыс.
Шарықтап шартараптан көңіл сорлы

Таппаған бір тиянақ не еткен қуыс?

Күні-түні ойымда бір-ақ тәңірі,
Өзіне құмар қылған оның әмірі.
Халиққа махлұқ ақылы жете алмайды,
Оймен білген нәрсенің бәрі — дәһрі.

Өзгені ақыл ойға қондырады,
Біле алмай бір тәңіріні болдырады.
Талып ұйықтап, көзіңді ашысымен,
Талпынып тағы да ойлап зор қылады.

Көңілге шек, шүбәлі ой алмаймын,
Сонда да оны ойламай қоя алмаймын.
Ақылдың жетпегені арман емес,
Құмарсыз құр мүлгуге тоя алмаймын.

Мекен берген, халық қылған ол ләмәкан
Түп иесін көксемей бола ма екен?
Және оған қайтпақсың, оны ойламай,
Өзге мақсат ақылға тола ма екен?

Өмір жолы — тар соқпақ, бір иген жақ,
Иілтіп екі басын ұстаған хақ.
Имек жолда тиянақ, тегістік жоқ,
Құлап кетпе, тура шық, көзіңе бақ.

1895

26

자연은 사라질지라도 인간은 불멸하느니
비록 그가 되돌아오지 않고 더 이상 농담하거나 웃질 못해도.
"나"와 "내 것"이 갈라진 것을
사람들은 무지하여 죽음이라 불렀어라.

많은 사람들이 세상의 변덕스러움에 빠지고
그런 연유로 발에 걸려 넘어지네.
생각해 보라, 누가 말할 수 있겠는가?
자기 뒤에 불멸의 언어를 남겨둔 사람의 죽음을

그 누가 일상의 걱정을 견딜 수 있겠느냐,
영원이 인간세상의 불완전을 주시하고 있는데.
그러나 무엇이 불완전인지 그대는 알 수 없으리라
만일 그대가 깊은 사색에 잠기지 않는다면.

세상물건을 좋아하고 저승을 생각지 않는 이는
위의 두 개념과 같이 지낼 수 없으리라.
이 세상을 더 좋아하는 사람을 나는
정의로운 사람이라 부르지 않으리라.

1895

Өлсе өлер табиғат, адам өлмес,
Ол бірақ қайтып келіп, ойнап-күлмес.

«Мені» мен «менікінің» айрылғанын
«Өлді» деп ат қойыпты өңкей білмес.

Көп адам дүниеге бой алдырған,
Бой алдырып, аяғын көп шалдырған.
Өлді деуге сыя ма, ойландаршы,
Өлмейтұғын артына сөз қалдырған?

Кім жүрер тіршілікке көңіл бермей,
Бақи қоймас фәнидің мінін көрмей.
Міні қайда екенін біле алмассың,
Терең ойдың телміріп соңына ермей.

Дүниеге дос ақиретке бірдей болмас,
Екеуі тап бірдей боп орныға алмас.
Дүниеге ынтық, мәғшарға амалсыздың
Иманын түгел деуге аузым бармас.

1895

제2부
철학의 서정시

27 하느님도 옳고 그분의 말씀도 옳은 것이니,
진실을 믿음에 있어서 우리는 자유롭다네.
수많은 책이 그분에게서 나왔지만 그 중 네 가지는
하느님을 아는데 매우 중요하다네.

"저는 믿습니다"라는 기도를 누가 드리지 않았던가?
성스러운 책 페이지들을 누가 펼치지 않았던가?
하느님은 변치 않건만 사람이 분주스러운 탓에
그분은 사람의 사정을 보살피며 당신을 따르게 하네.

시대와 논리와 일들이 변하곤 하였지…
수많은 예언자들이 줄줄이 나타났으며
법과 신앙의 규칙은 수시로 바뀌곤 하였고,
허나 하느님께 필요한 것은 예전 그대로라네.

여러 존재가 변해도 하느님은 변하지 않네,
신앙에 충실한 이들은 모두 그렇다고 말하리라.
자신 안에 있는 열망과 싸우지 않으면
우리는 훌륭한 사람이 되지 못하리라.

그분은 위대한 사랑으로 사람을 창조했네,
그러니 그대도 그분을 생명보다 더 강하게 사랑하라.
형제들처럼, 이 세상 모든 사람을 사랑하듯 사랑하라.
그리고 모든 면의 공평함을 존중하라.

공작꽁지깃 빛깔을 띤 나비들이

101

이 세 가지 사랑이 그대 양심의 빛깔이니
이보다 더 위대한 것이 없음을 알라.
생각해보라, 그리고 나중에 인생을 후회하지 말고
사람들에게 진실의 빛을 보여주라.

거기에는 그대의 신앙과 그대의 노력이 있고,
또 진실한 친구는 이것을 이해하는 사람이라네.
자랑하는 것, 욕심, 열망 이 세 가지의 일
이것을 가지고는 앞으로 나아가지 못하네.

그리고 재계, 기도, 헌금, 성지순례
만일 마음에 든다면 그대는 이걸 매번 지키라.
위의 세 가지를 버리지 않고서는 나중 네 개의
충분히 먹을 수 있는 열매를 따내지 못하리라.

그대의 머리는 목보다 놓은 곳에 붙어있구나,
여기에서도 그대는 균형을 보아야 하리라.
하느님은 맨 처음에 순서를 정하시지,
신앙 없이 노력하고 수고한들 무슨 소용이 있는가?

승려들은 자신들의 예배에 대해서 말하네. 허나
이성적인 이들은 생각해보고 믿음을 갖기 시작했네.
그러니 승려들 그대가 아무리 신앙의 길을 닦아도
안에는 먼지가 낀, 쓸모없는 것이 되리라.

제2부
철학의 서정시

하느님은 완벽하시네, 예언자도 위대하고.
그들의 길은 무슬림이 따라가야 할 훈시.
코란은 하느님의 말씀, 그것은 진리라네,
허나 아무리 설명해도 그 뜻은 끝없이 깊다네.

하느님과 예언자는 우리에게 길을 물려주셨으니
이 길에 최대한 열중하라.
자랑하는 것과 욕심과 열망은 죄악이니
우리는 언제쯤 자신의 음란을 억제하겠는가?

그리고 만약 그대가 무슬림이라면 믿음을 가져라,
믿음이 그대를 길에서 돌아서지 못하게 하리라.
진심으로 믿고 신앙을 지켜라,
위선자의 열화 같은 노력은 필요 없으니.

내게는 말없이도 하느님이 와 닿는다네.
하느님의 종을 원수로 생각하지 마라.
내 신앙의 형제여, 뻔한 것과 논쟁하지 마라,
생각해보라, 인류 표식의 현실에 대하여.

1902

- -

공작꽁지깃 빛깔을 띤 나비들이

Алланың өзі де рас, сөзі де рас,
Рас сөз еш уақытта жалған болмас.

Көп кітап келді алладан, оның төрті
Алланы танытуға сөзі айрылмас.

Аманту оқымаған кісі бар ма?
Уәктүбиһи дегенмен ісі бар ма?
Алла өзгермес, адамзат күнде өзгерер,
Жарлықпен ол сіздерге, сіз де оларға...

Замана, шаруа, мінез күнде өзгерді,
Оларға кез-кезімен нәби келді.
Қағида шариғаты өзгерсе де,
Тағриф алла еш жерде өзгермеді.

Күллі махлұқ езгерер, алла өзгермес,
Әһли кітап бұл сөзді бекер демес.
Адам нәпсі, өзімшіл мінезбенен
Бос сөзбенен қастаспай түзу келмес.

Махаббатпен жаратқан адамзатты,
Сен де сүй ол алланы жаннан тәтті.
Адамзаттың бәрін сүй бауырым деп,
Және хак жолы осы деп әділетті.

Осы үш сүю болады имани гүл,

Иманның асылы үш деп сен тахкик біл.
Ойлан-дағы, үшеуін таратып бақ,
Басты байла жолына, малың түгіл.

Дін де осы шын ойласаң, тағат та осы,
Екі дүние бұл тасдиқ – хақтың досы.
Осыларды бұзатын және үш іс бар:
Пайда, мақтан, әуесқой – онан шошы.

Руза, намаз, зекет, хаж – таласcыз іс,
Жақсы болсаң, жақсы тұт бәрін тегіс.
Бастапқы үшін бекітпей, соңғы төртті
Қылғанменен татымды бермес жеміс.

Бас жоғары жаралған, мойын төмен,
Қарашы, дене біткен ретімен.
Істің басы – ретін танымақтық,
Иман білмес тағатты қабыл демен.

Имамдар ғибадаттан сөз қозғаған,
Хүснизән мин иманды білді ойлаған.
Иманның тазалығын жақсы ұқтырмай
Сыртын қанша жуса да, іші оңбаған.

Алла мінсіз әуелден, пайғамбар хақ,
Мү' мин болсаң, үйреніп сен де ұқсап.
Құран рас, алланың сөзідүр ол,
Тә' уиліне жетерлік ғылымың шақ.

Алланың, пайғамбардың жолындамыз,
Ынтамызды бұзбастық иманымыз.
Пайда, мақтан, әуесқой – шайтан ісі,
Кәні біздің нәпсіні тиғанымыз?

Мү 'мин болсаң, әуелі иманды бол,
Бендеге иман өзі ашады жол.
Шын илан да, таза ойла бір иманды,
Мұнафик намаз қылмап па, мағлүм ғой ол.

Алла ішімді айтқызбай біледі ойла,
Бендесіне қастықпен кінә қойма.
Распенен таласпа мү 'мин болсаң,
Ойла, айттым, адамдық атын жойма!

1902

보라, 이 세상은 그대를 강탈하는 가혹한 세상이다.
그대에겐 예전 같은 힘도 없고 낯빛도 많이 상했구나.
희망 뒤에 후회가 따르는 인생과 맞붙어
승부욕이 나도록 경쟁하지 못했다는 것을 인정하라.

단맛이 절대로 사라지지 않는 먹거리가 어디 있더냐?
만일 인색한 인생의 비행이 그리도 짧은 것이라면
왜 친척과 싸울 것인가,
아니면 왜 미리 서둘러 친구와 갈라질 것인가?

혀가 그대 안에서 입술로 말하지 않게 하라
혀는 철면피하게 육체에 복무하는 데 익숙하다,
뼈가 없는 혀는, 입술이 끝이 없어 늘어지는구나,
진실의 모습을 커튼으로 가리듯이.

1898

Сұм дүние тонап жатыр, ісің бар ма?
Баяғы күш, баяғы түсің бар ма?
Алды үміт, арты өкініш алдамшы өмір,
Желігін жерге тықпас кісің бар ма?!

Дәмі қайтпас, бұзылмас тәтті бар ма?
Бір бес күннің орны жоқ аптығарға.

Қай қызығы татиды қу өмірдің
Татуды араз, жақынды жат қыларға?

Ет жүрексіз ерніңнің айтпа сөзін,
Тіл үйренген нәпсінің қу мінезін.
Тілде сүйек, ерінде жиек бар ма?
Шымылдық боп көрсетпес шынның жүзін.

1898

사람아, 너는 도대체 누구더냐? 오직 똥을 위한 자루 아니
   더냐?
너는 죽어서도 아주 지독한 냄새를 풍기리라.
허나 너는 거만해서 너 자신을 다른 것 위에 세우는구나,
이것은 무지의 표식이지 지혜의 징표가 아니니라.

너는 이제 나이도 들었고 어린 시절의 자취도 사라졌구나,
모든 것이 지나간다, 너도 보듯이 번성기는 모두를 속인다.
사람을 사랑하고 창조자의 현명함을 이해하라,
세상에 이보다 더 큰 기쁨이 없음을 깨달으라.

1899

제2부
철학의 서정시

Адам – бір боқ көтерген боқтың қабы,
Боқтан сасық боласың, өлсең тағы.
Мені мен сен тең бе деп мақтанасың,
Білімсіздік белгісі – ол баяғы.

Кеше бала ең, келдің ғой талай жасқа,
Кез жетті бір қалыпта тұра алмасқа.
Адамды сүй, алланың хикметін сез,
Не қызық бар өмірде онан басқа?!

1899

날들을 따라 날들이 간다,
사색들을 따라 사색들이 사라진다.
그들의 행렬을 따라 잡을 수 없구나,
바람을 따라 덤벼보건만.

1898

Күн артынан күн туар,
Бір күн дамыл еткізбес.

Ой артынан ой қуар,

Желге мінсең, жеткізбес.

1898

죽음이란 말은 누구나 알고 있다,

그러나 알지 못하는 것은,

자기가 지금 어디서 무얼 하고 있는지,

어디로 가고 무엇이 되었는지가 아니던가.

1898

Белгілі сөз: "өлді, өлді",

Белгісіз оның мекені.

Не халатқа әурілді,

Қайда қандай екені.

1898

32

나는 강아지를 개로 키워냈네
그 개가 내 다리를 물어 난 피를 흘렸네.
한 사람에게 총 쏘는 법을 가르쳐 주었네
그 사람이 나를 쏘았네.

1899

Күшік асырап, ит еттім,
Ол балтырымды қанатты.
Біреуге мылтық үйреттім,
Ол мерген болды, мені атты.

1899

먹구름이 갈기갈기 흩어지고
간간이 비가 내리네.
온몸이 고통으로 몸부림하고
눈에서는 눈물이 흘러내리네.

내린 비로 만물이 소생하고
땅은 힘을 얻어 푸르러지는데
내 몸은 흘린 눈물로 쑤시고
머리는 터지며 온몸이 타오르네.

1896

Көк ала бұлт сөгіліп,
Күн жауады кей шақта.
Өне бойы егіліп,
Жас ағады аулақта.

Жайған күнмен жаңғырып,
Жер көгеріп күш алар.
Аққан жасқа қаңғырып,
Бас ауырып, іш жанар.

1896

34

그대, 어린 시절의 자취가 사라진 것을 느끼는가…
젊은 시절의 부드러움과 빛깔을 누리고 있는가?
이젠 젊은 시절도 갔구나, 시간이 어찌 빨리 흐르는지 보이는가?
그대는 고통과 노여움 없이 노년을 받아들였는가?

아니면 깊은 신앙심 없는 이교도처럼
오직 밝은 달 아래서 불가능한 일에 애쓰고 있는가?
아니면 낙타새끼들의 소동에 말려든 낙타처럼
그 안에서 수백 번 빙빙 돌다 들판에서 사라졌는가?

1895

Балалық өлді, білдің бе?

Жігіттікке келдің бе?

Жігіттік өтті, көрдің бе?

Кәрілікке көндің бе?

Кім біледі, сен кәпір,

Баяндыдан сөндің бе,

Баянсызға төндің бе?

Әлде, айналып, кім білер,

Боталы түйе секілді,

Қорадан шықпай өлдің бе?

1895

만일 내가 죽으면 내 자리는 축축한 땅이 되지 않겠느냐?
신랄한 혀를 가진 자가 수줍음 타는 처녀가 되지 않겠느냐?
사랑과 증오가 싸우던 내 심장은
차가운 얼음으로 변하지 않겠느냐?

우연한 운명과의 만남을 피할 순 없지 않겠느냐?
비록 누구는 더 일찍 만나고 누군 더 늦게 만나겠지만.
고집이 더 세서 한 번도 물러서지 않는 심장은
나중에 기회가 되면 비난을 받지 않겠느냐?

그러면 나는 가련한 자, 아무런 대답도 못하겠노라,
그대들 마음대로 판단하라.
하지만 사람을 두 번 벌하면 안 된다는 것을 알라,
내 피는 중독 되어있고 마음은 상처투성이니까.

내 마음을 깊이 들여다보라,
나는 수수께끼 같은 사람이라는 걸 기억하라.
나는 길도 없는 울퉁불퉁한 환경에서 자라
천명과 대적하여 싸웠느니, 너무 가혹하게 비난하진 마라!

나는 젊은 시절 생각 없이 분망하였고
어떠한 간계나 분노도 멀리하지 않았다.
일찍 일어나 깊은 생각에 잠겼으나 모든 걸 이루진 못했고
너무나 많은 난관에 부딪쳤다.

내가 용감해졌을 땐 내게 권력이 없었지,
구불구불한 내 오솔길로 나를 따라오지 마라.
날 따르지도, 자유를 주지도 않고 그렇게 날 괴롭혔으니
이제라도 날 불쌍히 여겨 편히 자게 하라, 내 말을 들으라.

내 안에서 독과 불길이 인다, 비록 겉으론 재치 있어 보이지만,
나는 성공하지 못한 채 죽음의 땅으로 갈지도 모른다.
빈약한 시는 말도 많아 모든 것을 사람에게 알려주느니
차라리 난 내 비밀을 알리지 않고 입을 다물리라

1898

Өлсем, орным қара жер сыз болмай ма?
Өткір тіл бір ұялшақ қыз болмай ма?
Махаббат, ғадауат пен майдандасқан
Қайран менің жүрегім мұз болмай ма?

Амалсыз тағдыр бір күн кез болмай ма?
Біреуге жай, біреуге тез болмай ма?
Асау жүрек аяғын шалыс басқан
Жерін тауып артқыға сөз болмай ма?

Сонда жауап бере алман мен бишара,
Сіздерге еркін тиер, байқап қара.

제2부
철학의 서정시

공작꽁지깃 빛깔을 띤 나비들이

Екі күймек бір жанға әділет пе?
Қаны қара бір жанмын, жаны жара.

Жүрегіңнің түбіне терең бойла,
Мен бір жұмбақ адаммын, оны да ойла.
Соқтықпалы, соқпақсыз жерде өстім,
Мыңмен жалғыз алыстым, кінә қойма!

Жасымда албырт өстім, ойдан жырақ,
Айлаға, ашуға да жақтым шырақ.
Ерте ояндым, ойландым, жете алмадым,
Етекбасты көп көрдім елден бірақ.

Ой кіргелі тимеді ерік өзіме,
Сандалмамен күн кешкен түспе ізіме.
Өзі ермей, ерік бермей, жұрт қор етті,
Сен есірке, тыныш ұйқтат, бақ сөзіме!

Ішім толған у мен өрт, сыртым дүрдей,
Мен келмеске кетермін түк өндірмей.
Өлең шіркін — өсекші, жұртқа жаяр,
Сырымды тоқтатайын айта бермей.

1898

제2부
철학의 서정시

36

심장은 바다요 그 안의 모든 기쁨은 보석이라
인생에 이 기쁨 없으면 심장 또한 존재하지 않으리.
만일 심장에서 열정과 몰입이 사라진다면
육신의 다른 곳 어디서든 흥미는 일어나지 않으리.

우정과 적의와 모든 기쁨은 심장의 소관이요
명예와 양심의 감시자는 바로 이성이라.
명예와 양심이 꺾이지 않았다면 다른 행동도 그러하리니
그대가 아무리 노력할지라도 이것이 오늘의 위신이라

늙어가는 사람의 불은 서서히 꺼져가고
한번 꺼지기 시작하면 어떤 일이든 미끄러워지는 법
사람마다 그대에게 어찌 일을 처리할지 가르치려 애쓰고
하여 길은 미끄러워지고 행동은 자신 없어지는 것이라네.

1902

Жүрек – теңіз, қызықтың бәрі – асыл тас,
Сол қызықсыз өмірде жүрек қалмас.
Жүректен қызу-қызба кете қалса,
Өзге тәннен еш қызық іс табылмас.

Достық, қастық, бар қызық – жүрек ісі,
Ар, ұяттың бір ақыл – күзетшісі.

117

Ар мен ұят сынбаса, өзге қылық,
Арын, алқын – бұл күннің мәртебесі.

Қартаң тартқан адамнан от азаймақ,
От азайса, әр істің бәрі тайғақ.
Шаруаң үшін көрінген ақыл айтып,
Жолың тайғақ, аяғың тартар маймақ.

1902

제 아무리 뛰어도 굴레 쓴 말이 준마를 따라잡을 수 없어라,
그 말머리에 부엉이 깃과 부적을 달아준대도.
그렇구나, 뒤에서 나를 비난하지 않을 수가 없겠구나,
흥분하고 무서운 증오로 불타오른 사람들이.

강아지들 제 아무리 무리를 지은 들 어찌 늑대를 이기겠는가?
그들이 아무리 거세게 공격해도 하늘이 보살펴 주는데.
불명예스런 자는 언제나 제 악의에 충실 하구나,
비록 천막집 벽기둥에 수없이 붙잡혀 묶이곤 해도.

적은 무리는 적을수록 더 흉악하게 미쳐 날뛰는 법,
불평하기 좋아하는 자, 상사, 그들 음모의 가담자,

한 사람에게 선심을 쓴 뒤 또 다른 사람에게도 쓰고.
아, 쎄메이*시는 교활한 자들에게 얼마나 큰 호의를 가졌는가.

1889

**제2부
철학의 서정시**

Тұлпардан тұғыр озбас шабылса да,
Оған да үкі, тұмар тағылса да.
Қыжыртпай мені сырттан жүре алмайды,
Кім желігіп, қай шеттен қағынса да.

Күшік ит бөрі ала ма жабылса да?
Тәңірі сақтар, табандап тап ұрса да.
Арсыз адам арсаңдап, арсылдайды,
Әр жерде-ақ керегеге таңылса да.

Құтырды көпті қойып аз ғанасы,
Арызшы орыс — олардың олжаласы.
Бірде оны жарылқап, бірде мұны,
Қуды ұнатты-ау Семейдің бұл қаласы.

1889

---

* 쎄메이(Семей, 또는 쎄미빨라찐스크) : 카자흐스탄 동북부에 위치한 쎄메이
(쎄미빨라찐스크)주의 주도다. 저자 아바이는 쎄메이주에서 태어나 자라고 활
동했다.

부질없는 외침들, 고함들
그것들이 어찌 귀에 노래로 들리겠는가?
아는 것도 없이 공허하게 말하는 것이
과연 사람에게 어울리는 일인가?

모두에게서 저주 받은 무식쟁이들이
무슨 말을 한들 그게 사람들인가?
공연히 떠돌며 무엇도 가진 것 없이
존재하는 것이 그대 인생의 장식이더냐?

1897

Құр айқай бақырған
Құлаққа əн бе екен?
Өнерсіз шатылған
Кісіге сəн бе екен?

Өңкей надан антұрған,
Қанша айтса, жан ба екен?
Бос жүріп құр қалған
Өміріңе кəн бе екен?

1897

39

겉은 건강하지만 몸 안의 나는 죽었노라,
보는 이 모두에게 이르고 또 이르노니
오늘의 벗은 내일의 적이라,
오, 하느님이시여, 대체 내가 무얼 잘못했습니까?

그대는 집안에서는 요란한 강물 같아
제 주장이 옳다고 큰 소리로 우기건만
허나 타인들 앞에 서면 자신이 없어지고
느리고 당황해하고 힘을 잃어버리는구나.

용사야, 그대도 예전에 그랬더냐,
허면 나의 용사야, 그게 무슨 일이냐?
조인 올가미가 사흘 만에 느슨해지니
그대는 곧바로 방자한 자가 되고 마는구나.

그대는 힘들 때면 귀여운 미소로
또 친절함으로 어느 심장도 다 녹이는구나.
헌데 재난이 사라지고 나면 그대는 왜
또 다시 차가워지고 우울해지는가.

약탈과 다른 여러 가지 간계에서
그대는 누구도 따를 수 없는 능수여라.
주는 것은 참을 수 없이 어렵지만
가질 땐 그대 반가이 기뻐 받음이여.

제2부
철학의 서정시

공작꽁지깃 빛깔을 띤 나비들이

121

큰 회합과 여러 모임에서 그대는
수백 가지의 말다툼을 놓고 토론하는구나.
결국 모든 것을 그대와 같은 자들이
피비린내 나는 싸움으로 만드는 것인데.

들어올 문, 다시 들어올 문을,
나의 친근한 이여, 쾅하고 닫지 마라!
그대 지금 아무리 잘 나가는 사람이 되었다 해도
이 문 그대에게 쓸모 있는 날이 올 것이니.

1899

Ішім өлген, сыртым сау,
Көрінгенге деймін-ау.
Бүгінгі дос — ертең жау,
Мен не қылдым, япырмау?!

Өз үйінде өзендей
Күркірейді, айтса дау.
Кісі алдында кірбеңдеп,
Шабан, шардақ және шау.

Мұндай ма едің ана күн,
Мұның қалай, батыр-ау?

Үш күн арқаң босаса,
Бола қалдың бас асау.

Жан қысылса, жайтаңдап,
Жанды еріткен жайдары-ау.
Жан жай тапса, сен неге
Жат мінезсің жабырқау?

Ұрлық пенен қулыққа
Байлағанда, кестің бау.
Берерменде бесеусің,
Аларманда және алтау.

Топ болғанда көресің
Түрлі дауды жүз тарау.
Аяғында сендейлер
Көрмей жүр ме ханталау?

Қайта кірер есікті
Қатты серіппе, жарқын-ау!
Жетілсең де, жетсең де,
Керек күні бір бар-ау.

1899

너의 비단결 같은 머리카락을 구기고

제3부 사랑의 서정시

해리가죽 모자와 두툼한 머리채,
언제 봐도 검은 눈썹을 가진 이 처녀에게선
발걸음 소리와 함께 고르게 소리울리네,
머리카락에 장식된 동전들이.

검은 눈동자는 맑고 깨끗하여
온순하게 사람들 자기에게로 이끄네.
부드러운 살결과 밝은 얼굴
하얀 이를 가진 미녀를 내 어찌 잊을까?

아리따운 몸매와 작은 발을 가진 미녀
그런 이들 이제는 더 만날 수 없지.
나는 조금씩 매혹되기 시작하였네,
잘 익은 열매의 단맛을 느끼면서.

내 손으로 그녀의 손을 잡아보네,
심장이 바삐 뛰며 온몸에 피를 돌리네.
내 입술 한 순간만 그녀 목에 닿아도
달콤한 고통에 나는 또다시 무너져 내리네.

1889

Білектей арқасында өрген бұрым,
Шолпысы сылдыр қағып жүрсе ақырын.

제3부
사랑의 서정시

Кәмшат бөрік, ақ тамақ, қара қасты,
Сұлу қыздың көріп пе ең мұндай түрін?

Аласы аз қара көзі айнадайын,
Жүрекке ыстық тиіп салған сайын,
Үлбіреген ақ етті, ашық жүзді,
Тісі әдемі көріп пе ең қыздың жайын?

Бұраң бел, бойы сұлу, кішкене аяқ,
Болады осындай қыз некен-саяқ.
Піскен алма секілді тәтті қызды
Боламын да тұрамын көргендей-ақ.

Егерде қолың тисе білегіне,
Лүпілдеп қан соғады жүрегіңе.
Бетіңді таяп барсаң тамағына,
Шымырлап бу енеді сүйегіңе.

1889

41

바람 없는 밤에 달이 밝아
달빛이 물에서 흔들거리네.
마을 옆에는 깊은 골짜기
강물 요란히 넘쳐흐르네.

무수한 나뭇잎사귀들은
자기들끼리 속삭이고
땅의 먼지는 몸을 숨겨
온 땅이 풀빛으로 빛나네.

산들은 개 짖는 소리에
메아리로 맞장구를 치는데
고독한 만남을 기다리며
혹 그대 오지 않나 길을 살피네.

나른함에 공포로 숨넘어갈 듯
오싹 달아오르기도 하여
근심하며 겨우 숨을 내쉬네,
바스락 소리에도 긴장하고 놀라서.

봇물 터지는 말, 한마디 할 힘도 없는데
그녀의 심장소리 크게 울리네,
아, 그녀는 볼을 내 목에 파묻고
매달리며 서 있던 그이가 아닌가?

1888

128

Желсіз түнде жарық ай,
Сәулесі суда дірілдеп,
Ауылдың жаны терең сай,
Тасыған өзен күрілдеп.

Қалың ағаш жапырағы
Сыбырласып өзді—өзі,
Көрінбей жердің топырағы,
Құлпырған жасыл жер жүзі.

Тау жаңғырып, ән қосып
Үрген ит пен айтаққа.
Келмеп пе едің жол тосып
Жолығуға аулаққа?

Таймаңдамай тамылжып,
Бір суынып, бір ысып,
Дем ала алмай дамыл қып,
Елең қағып, бос шошып.

Сөз айта алмай бөгеліп,
Дүрсіл қағып жүрегі,
Тұрмап па еді сүйеніп,
Тамаққа кіріп иегі?

1888

그 모습 아름다워라, 눈은 빛나고
반반한 볼에는 홍보석의 섬광
목은 얼음판처럼 반짝이고
또 곧은 눈썹과 가느다란 손.

그대는 모든 미녀들이 화원이어라
위대한 얌쉬드*도 그대를 사랑했고
이스깐데르**도 노예처럼 사기를 잃었구나
그대보다 더 빼어난 이 주위에 없구나.

언제 우리가 시간을 내겠느냐
좁은 잠자리까지 함께 갈 시간을,
눈을 감고 미치도록 기진맥진하여
고통마저 느끼지 못할 때를

1895

Иузи – рәушан, көзі – гәуһар
Лағилдек бет үші әхмәр,
Тамағи қардан әм биһтар
Қашың құдрәт қоли шигә.
Өзәң гузәлләра раһбар,

* 얌쉬드(Ямшид): 지혜로 인격화된 <샤흐-나-메>신화의 인물
** 이스깐데르(Искандәр): 마케도니아 알렉산더대왕의 동양식 이름

Сәңә ғишық болып кәмтар,
Сүләйман, Ямшид, Искандәр
Ала алмас барша мүлкигә.
Мубада олса ол бір кәз,
Тамаша қылса йузма—йуз
Кетіп қуат, йұмылып көз,
Бойың сал—сал бола нигә?

1895

제3부
사랑의 서정시

43 나으리의 말

미녀야, 내 인사를 받아라!
가축 떼와 내 인생도 같이 받아라.
눈물이 흘러내리누나,
네가 계속하여 보이지 않을 때에는.

그 누구도 너를 앞설 수 없구나,
너는 모두를 가졌구나.
이 세상에서 다른 여자를 나는
절대로 원하지 않으리라.

내가 한 말을 어기지 않으리라,
곧은길에서 너를 잃지 않으리라.
네가 멀리 있든 가까이 있든
온 마음으로 네게 달려가리라.

내가 정한 여자인 너보다
다른 여자는 더 귀여울 수가 없구나.
아, 가슴사이의 부드러운 냄새를
좁은 잠자리에서 맡아봤으면.

제3부
사랑의 서정시

너의 비단결 같은 머리카락을 구기고
네 다리 아주 가까이서 안으리라.
눈을 감고, 마음은 벌써 취했구나,
우리는 하나 된 기쁨을 알게 되리라.

너에겐 미, 우리겐 타인들의 배려가 있단다,
이건 모두 과장 없는 진실이란다.
너의 매혹적인 아름다움에서
나는 도무지 눈을 뗄 수가 없구나.

네 몸을 안을 때 나는 몸이 되고,
너의 입술 내 입을 맞출 때엔
불길이 나를 태우는구나,
별안간 이 불길 내 배를 태우면 어찌 하랴.

여자들을 찾다 지쳐 심장에서 힘이 빠질 때
미녀인 너를 고르기로 마지막 결정할 때
나는 더 좋은 먹잇감을 포획하기 위해
발톱을 이끼고 아껴온 매란다.

무슨 일을 해도 다 좋구나,
수백 번을 보아도 계속 좋구나.
시간이 흐를수록 너는 내게 가까워지는구나,
지어진 장애물과 관계없이.

너는 구리 같은 날개를 가진 나의 꿩
얼굴을 보여 다오, 자세히 보자구나.
그리고 네 목에 달라붙게 해다오
내게 안기렴, 앞으로 너는 나의 것이라.

1889

Жігіт сөзі

Айттым сәлем, қалам қас,
Саған құрбан мал мен бас.
Сағынғаннан сені ойлап,
Келер көзге ыстық жас.

Сенен артық жан тумас,
Туса туар — артылмас.
Бір өзіңнен басқаға
Ынтықтығым айтылмас.

Асыл адам айнымас,
Бір бетінен қайрылмас.
Көрмесем де, көрсем де,

Көңілім сенен айрылмас.

Көзім жатқа қарамас,
Жат та маған жарамас.
Тар төсекте төсіңді
Иіскер ме едім жалаңаш?

Иығымда сіздің шаш,
Айқаласып тайталас,
Ләззат алсақ болмай ма,
Көз жұмулы, көңіл мас?

Сізде сымбат, бізде ықылас,
Осы сөзім бәрі рас.
Сіздей жардың жалғанда,
Қызығына жан тоймас.

Етің етке тигенде,
Демің тиіп сүйгенде,
Тән шымырлап, бой еріп,
Ішім оттай күйгенде.

Жүрек балқып игенде,
Ішкі сырды түйгенде,

제3부
사랑의 서정시

너의 비단결 같은 머리카락을 구기고

Іздеп табар сұңқармын,
Жарастықты шүйгенде.

Қылығыңда жоқ оғат,
Қарап тойман жүз қабат.
Ыстық тартып барасың,
Бір сағаттан бір сағат.

Сіз — қырғауыл жез қанат,
Аш бетіңді, бері қарат.
Жақындай бер жуықтап,
Тамағыңнан аймалат!

1889

44 젊은 처녀의 말

제3부
사랑의 서정시

당신은 칭찬으로 나를 휘감았습니다,
하지만 때로는 그걸 믿기가 위험하답니다.
스스로 결정하십시오, 내가 어찌 알겠습니까,
당신의 마음이 어떠한지를?

우리 처녀들도 보는 눈이 있습니다,
바람둥이들을 우리도 매번 무서워하곤 하지요,
그러나 당신은 내게 소중합니다.
당신을 보면 거절할 힘이 없답니다.

당신은 지혜와 말이 일치합니다.
나는 버터이고 당신은 숯이랍니다.
그렇게 사랑의 말들이 내게 와 닿았답니다,
버터는 녹아내려도 욕을 먹진 않지요.

하느님의 가호로 당신 집에 데려가주세요,
그러나 만일 나를 버리신다면
나보다 더 불쌍한 이 세상에 없을 것입니다
고아와 고독한 사람들 가운데서.

어찌 하겠습니까, 만일 당신께 소용이 없다면.
나는 모독을 받을 것입니다.

너의 비단결 같은 머리카락을 구기고

나를 끌어들이지 마십시오, 만일 당신의
유일한 사랑이 나를 기다리지 않는다면.

우울함은 슬픔과 같답니다,
나는 땅바닥까지 몸을 굽힙니다.
잠자리도 당신 없으면 남의 것
그건 더러운 자 같은 끔찍한 묘지입니다.

당신은 황제처럼 엄한 매 같습니다.
당신은 모든 땅에서 세금을 받습니다.
당신의 문턱을 닳도록 드나드는
나처럼 가난한 이들은 헤아릴 수 없이 많답니다.

내가 당신의 마음에 듭니까, 나의 영웅이여?
다른 여자가 당신에게 필요 없을 때
당신은 나의 매이고 나는 당신의 꿩입니다,
나를 가지세요, 그리고 마음껏 드십시오!

나는 명주 천처럼 굽이굽이 펼쳐지고
유연한 나무줄기처럼 약 올리며
내 열정으로 당신께 한 몸을 바칠 것입니다,
선택과 결정의 종결과 시초를 맺으시라고.

나의 생각들을 이 종이에 적어놓았습니다,
당신은 이것이 좋은 것임을 알아주십시오,
젊은이들이여, 이 편지를 읽어보세요,

제3부
사랑의 서정시

마음이 원하고 바랄 때에.

이 편지 누군가의 마음에 든다면
그는 이것을 노래로 불러 칭송하게 될 것입니다.
그가 이 노래를 누구에게 하든지
그건 이걸 듣는 사람에게 바쳐진 것입니다.

나으리에게 노래들을 모으라고 하세요,
가락을 배우고 열중하라고 해보세요.
우리의 불쌍한 꼭바이*는 가련하답니다,
이런 노래를 부를 수 없는 것이!…

1889

Қыз сөзі

Қиыстырып мақтайсыз,

Ойласаң не таппайсыз?

Бізде ерік жоқ, өзің біл,

Әлде неге бастайсыз.

---

* 꼭바이(**Көкбай**, 1864-1927): 아바이의 제자이자 아바이와 가장 절친했던 친구 중 하나. 아바이가 쓴 시들 중 두 편에 이 친구의 이름이 등장한다.

Біз де әркімді байқаймыз,
Тап бергеннен тайқаймыз.
Сіздей асыл кез болса,
Қайтіп басты шайқаймыз?

Ақылыңа сөзің сай,
Сіз — жалын шоқ, біз — бір май.
Ыстық сөзің кірді ішке,
Май тұра ма шыжымай.

Қабыл көрсең, көңілім жай,
Тастап кетсең, япырмай,
Ит қор адам болар ма,
Бұл жалғанда сорлыңдай?

Тілегімді бермесең,
Амалым не, жерлесең?
Үйір қылма бойыңа,
Шыны жақсы көрмесең.

Қайғың болар шермен тең,
Қара көңілім жермен тең.
Сенсіз маған жат төсек
Болар бейне көрмен тең.

Сіз — бір сұңқар ,

제3부
사랑의 서정시

Жер жүзінен алған баж.
Біздей ғаріп есепсіз,
Есігіңде жүр мұқтаж.

Көңілің тұрса бізді алып,
Шыныменен қозғалып,
Біз — қырғауыл, сіз — тұйғын,
Тояттай бер, кел де алып.

Тал жібектей оралып,
Гүл шыбықтай бұралып.
Салмағыңнан жаншылып,
Қалсын құмар бір қанып...

Мұны жаздым ойланып,
Ойда бардан толғанып.
Кірсе ішіңе оқи бер,
Бозбалалар, қолға алып.

Мұны оқыса кім танып,
Жүрегіне от жанып,
Сөзді ұғарлық жан тапса,
Айтса жарар ән салып.

Өлең жиған тырбанып,
Ән үйренген ырғалып.

Сорлы Көкбай қор болды-ау,
Осыншадан құр қалып.

1889

사랑과 정욕은 두 개의 서로 다른 길
정욕은 성욕과 신체의 변덕을 위한 것이라.
난 사랑에 빠졌구나, 그대 같은 사람 내게 없으니,
내게 무슨 일이 생겨도 오직 그대만 행복하기를.

그대 내 마음의 기쁨이 된 이상
숨지 마오, 그대 빛으로 내 마음을 기쁘게 해주오.
누군가의 맘에 들어도 다른 이에겐 안들 수 있건만
모든 이에게 친절한 그대 마음 정녕 무엇이더냐!

사랑이 온다면, 그 사랑 그대 몸 사로잡고 말아
그대를 열병 앓은 듯 허약하게 만들리라.
희망을 잃게 만들면 온 몸이 오한에 휩싸이겠지만
희망을 준다면 다시 빛나며 활활 타오르리라.

1889

제3부
사랑의 서정시

Ғашықтық, құмарлықпен – ол екі жол,
Құмарлық бір нәпсі үшін болады сол.
Сенен артық жан жоқ деп ғашық болдым,
Мен не болсам болайын, сен аман бол.

Көңілімнің рахаты сен болған соң,
Жасырынба, нұрыңа жан қуансын.
Бірге жаққан біреуге жақпаушы еді,
Сүйкімді тірі жанға неткен жансың?!

Ғашықтық келсе, жеңер бойыңды алып,
Жүдетер безгек ауру сықылданып.
Тұла бой тоңар, суыр, үміт үзсе,
Дәмеленсе, өртенер күйіп-жанып.

1889

그대는 나의 눈빛
그대는 내 마음의 빛깔
그대로 인해 내가 앓고 있네,
이 병은 완치되지 않으리라.

나이가 아주 많이 들어
가장 현명한 카자흐인도
이 세상에서 그대 같은 여자
찾지 못했으리라.

울면서 노래를 시작하고
그래서 내 마음 약해지네.
만일 말이 서툴러서 안 된다면
사랑하는 이를 위해 할 말을 찾으리라.

엄하고도 침착하게 노래하리라,
나의 사랑에 대하여.
나는 이미 오래전부터 내 감정을
그대에게 감추지 않네.

심장의 비밀들을 잘 아는 이,
처녀의 눈길은 깊고 그윽하여라.
겉으로는 순결해 보이지만
판단하는 것이 실제로는 잔인하구나.

주위 뭇 남자들은 괴로워하건만
그대는 인내심의 친구.
내게는 불이 타오르지만
그대 내게 고통까지 주지는 않네.

단체회의는 판관을 치장해 주고
집에서는 우리를 부르네,
사랑을 모르는 태평한 마음들에게는
아마도 지혜가 없는 듯.

심장을 찢어 발겨보아도
사랑에는 끝이 없구나.
그대여, 내 말 좀 들으렴,
그리고 껍데기를 벗으렴.

눈을 멀게 만드는 하얀 이마,
그대 모습 내게 보여주오.
굽실굽실한 머리카락과
발그스레한 그대의 볼도.

꺾인 눈썹 밑에 자리 잡은
세상에 더 이상 없을 검은 눈,
입술은 꿀의 꽃이고
이는 눈보다도 하얗구나.

제3부
사랑의 서정시

너의 비단결 같은 머리카락을 구기고

코도 나를 매혹시키고
몸은 바람도 구부릴 수 있구나.
하얀 살결은 부드럽기가
귀하디귀한 꽃과 같아라.

멈춰라, 내 눈의 빛이여!
제발 나 좀 보아라!
내 눈길이 마음껏
그대의 아름다움을 즐기도록.

나의 고통이여, 그대를 보며
내가 기쁘도다!
그대의 매혹적인 웃음소리는
마치 꾀꼬리 울음소리인 듯!

그대여, 웃으면서
타인처럼 행동하지 마라,
나는 자신을 희생시키는 것이
그대를 위해 아깝지 않다.

그대는 꽃의 향기,
눈길에 부끄러움을 주는 빛깔.
그대를 보기만 하면
나는 사랑에 휩싸이고 마네.

**제3부
사랑의 서정시**

그대는 낱말보다도 부드럽고
이름보다도 화려하여라!
말주변 없는 내 생기 없는 말이
그대 아름다움 앞에 무엇이더냐?

내 심장을 기쁘게 하는 그대,
온 몸을 달콤하게 해주는 그대.
창조자가 가장 멋들어지게 만든 것
그 선량함의 광명이여.

하느님은 아름다움을 선물하네,
또 사랑은 비난받을 짓이 아니라네.
미녀들을 사랑하라고
예언자도 그리 유언했다네.

무엇으로 그대를 유혹할까?
어떻게 사랑의 아픔을 덜까?
오직 그대와의 만남만이
모든 것을 바꿀 수 있으리.

사랑을 하는 이들은 수없이 많네.
그대의 님은 누구인가?
유감스러워라, 나는 그대에게
말조차 제대로 붙이지 못했으니.

그대 어디선가 손짓하며 걸어가네…
그대에겐 열정이 얼마나 많은지!
말릴 수 없는 그대의 웃음
나를 정복해버리네!

사람들은 누구나 성공하리라 믿고
모두가 그대를 갖기를 원하네.
가련한 나의 마음은
영원히 편안치 못하리라…

1891

Көзімнің қарасы,

Көңілімнің санасы,

Бітпейді ішімде,

Ғашықтық жарасы.

Қазақтың данасы,

Жасы үлкен ағасы.

Бар демес сендей бір

Адамның баласы.

Жылайын, жырлайын,

Ағызып көз майын.

Айтуға келгенде,
Қалқама сөз дайын.

Жүректен қозғайын,
Әдептен озбайын.
Өзі де білмей ме,
Көп сөйлеп созбайын.

Тереңдеп қарайсың,
Телміріп тұрмайсың.
Бихабар жүргенсіп,
Бек қатты сынайсың.

Сан кісі мұңайсын,
Сабырмен шыдайсың.
Күйемін, жанамын,
Еш рахым қылмайсың.

Ақылсыз би болмас,
Сәулесіз үй болмас.
Жүректе оты жоқ,
Адамда ми болмас.

Шын ғашық сый болмас,

Сый болса, сыр болмас.
Арызымды айтайын,
Құй болар, құй болмас.

Кең маңдай, қолаң шаш,
Я бір кез, я құлаш.
Ақ тамақ, қызыл жүз,
Қарағым, бетіңді аш!

Қара көз, имек қас,
Қараса жан тоймас.
Аузың бал, қызыл гүл,
Ақ тісің кір шалмас.

Қыр мұрын, қыпша бел,
Солқылдар соқса жел.
Ақ етің үлбіреп,
Өзгеше біткен гүл.

Қарағым, бермен кел,
Бізге де көңілің бөл,
Қалқамның нұсқасын,
Көр, көзім, бір кенел.

Қайғың – қыс, жүзің – жаз,
Боламын көрсем мәз.
Күлкіңіз бойды алар,
Бұлбұлдай шықса әуез.

Кісімсіп дүрдараз,
Бұраңдап қылма наз.
Мал түгіл басымды,
Жолыңа берсем де аз.

Иісің – гүл аңқыған,
Нұрың – күн шалқыған.
Көргенде бой еріп,
Сүйегім балқыған.

Қаяусыз калпынан,
Өзі артық даңқынан.
Қызыл тіл шыға алмас,
Мақтаудың шартынан.

Сенсің – жан ләззәті,
Сенсің – тән шәрбәті.
Артықша жаратқан,
Алланың рахматы.

제3부
사랑의 서정시

너의 비단결 같은 머리카락을 구기고

Көрік — тәңірі дәулеті,
Қылса ұнар құрметі.
Сұлуды сүймектік –
Пайғамбар сүндеті.

Не десем саған еп?
Ғашығың да қайғы жеп,
Өртенген жүрекке,
Бір көрген болар сеп.

Біздердей ғашық көп,
Қайсысы саған дөп?
Жөндеп те айтпадым,
Жүрегім лүпілдеп.

Назына кім шыдар?
Бұраңдап жүр шығар.
Қасқая күлгені,
Қылады тым құмар.

Ер емес қымсынар,
Әркім—ақ ұмсынар.
Құдай—ау, бұл көңілім,
Күн бар ма бір тынар?

1891

제3부
사랑의 서정시

47 나는 보잘 것 없고 가련하여라.
그대 없는 나… 어찌 해야 할까?
이제 나는 무너져 버렸네,
운명의 간계로 인하여.

창조자가 예정한 것이니
제 시간에 그걸 보게 되리라.
나의 혓바닥이여, 흐르며 노래하라,
영원히 괴로워하는 것으로.

나는 매번 지치고 마네,
그대의 맹세를 믿는 것이.
언제까지 이렇게 슬퍼해야 할까?
어떻게 이 아픔을 덜 수 있을까?

나는 이미 눈물 없이 그냥 그대로
지나치는 날이 없네, 그대로 인해서.
그대는 나와 인사하기 위해
편지 한 장도 안 쓰는구나.

심장은 더 이상 빛을 보기 싫어하네,
나에겐 더 이상 견딜힘이 없네.
나의 이 슬픈 울음소리를
혹시 그대가 들었기를.

너의 비단결 같은 머리카락을 구기고

그댈 위해 편지를 약으로 보내노라,
그대가 활기를 띠도록.
이 약이 생각의 길을 고치고
그대의 본질을 되찾아 줄지니.

1889

Қор болды жаным,
Сенсіз де менің күнім,
Бек бітті халім,
Тағдырдан келген зұлым.
Тағдыр етсе алла,
Не көрмейді пәндә?

Сайрай бер, тілім,
Сарғайған соң бұл дерттен.
Бүгілді белім,
Жар тайған соң әр серттен.
Қамырықты көңіл,
Қайтсе болар жеңіл?

Сағындым сені,
Көрмедім деп көп заман.
Адам деп мені,

Салмадың сен хат маған.
Жай таба алмай жүрек,
Жасыған соң сүйек.

Бұл қылған зарым
Барса жардың маңына,
Ол – қылған дәрім
Ғашығымның жанына.
Оңалдырып ойды,
Түзетпей ме бойды?

1889

무슨 일로도 어두운 내 마음 밝아지질 않네,
하늘에서 해와 달이 함께 빛나도.
그대보다 더 아름다운 이 세상에 없음이여
비록 그대에겐 나보다 더 좋은 연인 있을 수 있겠지만.

짝사랑에 빠진 자, 야위어가며 그리워할지라도,
연인을 잃고 다정한 말을 잃어버릴지라도,
참고 참으리라, 연인의 행동에 만족해하면서,
그녀의 모욕과 조롱 앞에 무릎 꿇고서.

1889

Жарқ етпес қара көңілім не қылса да,
Аспанда ай менен күн шағылса да,
Дүниеде, сірә, сендей маған жар жоқ,
Саған жар менен артық табылса да.

Сорлы асық сарғайса да, сағынса да,
Жар тайып, жақсы сөзден жаңылса да,
Шыдайды риза болып жар ісіне,
Қорлық пен мазағына табынса да.

1889

제3부
사랑의 서정시

40 돔브라*를 잡을 필요가 없어라,
비애에 잠긴 심장을 어찌 억제할 수 있을까,
나는 걱정 속에 굳어버리리라
그리고 방울방울 눈물만 흘리리라.

무서워라, 내 마음에 또다시
존재했던 것의 메아리가 다시 깨어날까 봐.
그림자 속에서 나는 약해지고
또다시 헛소리하듯 슬픔에 잠기리라.

그러니 내게 다가와 나를 이해하라
따뜻한 눈길로 나를 보아라.
그리고 나의 기쁨아, 꿀 같은 말들로
내 마음의 고통을 달래주려무나.

그대여, 올바른 어조를 찾아 말해주렴,
내가 과거의 허물을 잊어버리고
또다시 그대에게 매혹되도록,
비애가 족쇄를 던져 버리도록.

그대 내게 조심스럽게 다가온다면
나는 많은 것을 이해할 수 있으리라,
내가 또다시 여러 가지 사색들 속으로
그대와 함께 조금씩 들어가리라.

좋고도 고약한 경마놀이에서마저

* 돔브라 : 중앙아시아 전통의 2현악기 중 하나.

난 그 소용없는 돌발행동에 지쳤느니
제발 나를 부드럽게 대해다오,
내가 제일 원하는 열매로 나를 배불려다오.

연도 미상

Домбыраға қол соқпа
Шымырлатып бір-бірлеп.
Жүрегім, соқпа, кел тоқта,
Жас келер көзге жүр-жүрлеп.

Қайғылы көңлім қайдағы
Бұрынғымды жаңғыртар.
Қайратты алып бойдағы,
Басымды қайғы қаңғыртар.

Онан да жылы жүзіңмен
Кел, жарым, қара бетіме.
Жылы, тәтті жауап айт
Іштегі қайғы, дертіме.

Іштегі ескі жалынды
Сөндір жаңа қылықпен.
Сөйлесші жақсы, жағымды
Мендей көңілі сынықпен.

Сынық көңлім көп кешер,

Майда қолмен ұстасаң.
Көңілге түрлі ой түсер,
Әр тереңге нұсқасаң.

Күйлі, күйсіз бәйгеге
Қажыды көңлім көп шауып.
Көп қинамай әр неге,
Енді семірт, жем тауып!

Год неизвестен

제3부
사랑의 서정시

그대를 원하지 않을 수 없었네.
나보다 더 불행한 이 없다네.
입 맞추며 안아주지 못했네.
남편처럼 그대를 가지지 못했네.

1899

Сүйсіне алмадым, сүймедім,
Сүйегім жасып, сор қалың.
Сүйісіп саған тимедім,
Бола алмадым сенің жарың.

1899

159

그대, 젊은 시절을 기억하는가,
마음은 가득 차고 머리는 자유로웠으며
태평하고 생각 없이 취했던 날들을.
누굴 만나든 그땐 모두다 친구가 되었지

사랑과 열정, 재산과 행복, 이 모두가
친구와 공동으로 갖는 것이라 여겼지,
희망은 가까이에 있고 마음은 깨끗하고
이렇게 행복한 나날이 또 있었을까?

오, 하느님, 그 때가 어디로 가버렸나요,
사랑과 기쁨이 가득했던 그 날들이?
알아차릴 수 없도록 천천히 물러나
넌 아주 멀어졌구나, 야속한 시간아!

제 아무리 애원하고 욕을 해도
그토록 그리워하고 슬퍼해도
사랑은 떠났구나 친구들도 가버렸구나
그댄 그들을 따라잡지 못하고 멈춰서고 말리라.

내 눈에 눈물을 달라, 울어보리라
인내심을 달라, 한번 견디어보리라
찢긴 나의 심장에 약을 달라
상처를 꿰매어 아물게 해보리라

1899

Есіңде бар ма жас күнің,
Көкірегің толық, басың бос,
Қайғысыз, ойсыз, мас күнің –
Кімді көрсең, бәрі дос.

Махаббат, қызық, мал мен бақ
Көрінуші еді досқа ортақ.
Үміт жақын, көңіл ақ,
Болар ма сондай қызық шақ?

Құдай-ау, қайда сол жылдар,
Махаббат, қызық мол жылдар?
Ақырын, ақырын шегініп,
Алыстап кетті-ау құрғырлар!

Жалынасың, боқтайсың,
Сағынасың, жоқтайсың.
Махаббат кетті, дос кетті –
Жете алмайсың, тоқтайсың.

Көзіме жас бер, жылайын,
Шыдам бер, сабыр қылайын.
Жаралы болған жүрекке
Дауа бер, жамап сынайын.

1899

때로 고집이 센 영혼이
사랑을 찾는구나, 가여운 이여!
열정과 고통을 바삐 참는데
심장은 힘들게 뛰는구나.

겪어온 부담의 세월들은
심장의 열기를 꺼뜨리지 않아라.
사랑은 예로부터 삶의 빛깔
허나 그것도 영원한 것은 아니지.

친구도 사랑 없으면 소용없는 것
이보다 더 나쁜 것은 없다네.
인생이 공허하다고 한숨 쉬지 말게,
친구와 아내와 아이들이 있으니.

그대는 심장에 필요한 것을
진정한 친구에게서 찾으리라.
탐욕과 허영심은 모두가 거짓이니
친구가 없으면 기쁨도 없다네.

1890

Кейде есер көңіл құрғырың,
Махаббат іздеп талпынар.

Ішем деп бейнет сусынын
Асау жүрек алқынар.

Тартқан бейнет, өткен жас
Жүректің отын сөндірмес.
Махаббат – өмір көркі рас,
Өлген соң ол да үндемес.

Махаббатсыз – дүниедос,
Қайуанға оны қосыңдар.
Қызықтан өзге қалсаң бос,
Қатының, балаң, досың бар.

Жүрегі жұмсақ білген құл,
Шын дос таппай тыншымас.
Пайда, мақтан бәрі – тұл,
Доссыз ауыз тұшымас.

1890

전에는 잔치를 좋아했고 그것만을
유일한 목적으로 알던 젊은이가
어느 날 전쟁터로 나갔네.
모든 사람들이 희망으로 살지 않던가.

그는 원수를 징벌하고자 하였네,
자기의 명예를 걸고 싸우고자 하였네.
그래서 혼인예식을 치르지 못하고
약혼녀를 기다리게 하였네.

그러나 벗이여, 그대가 아무리 서두른들
내 그대에게 말해주지 않지 않았던가,
하느님이 어찌 하려고 결심했는지,
하늘의 생명책에 무엇을 쓰셨는지를?

약혼녀를 쓰다듬어주는 사람은 없네,
그녀는 신랑을 그리워하네,
그녀는 그의 아내가 되려고
예식에 필요한 것들을 준비하네.

훌륭한 열성과 지성으로 쉼 없이
자기의 혼인예식 옷을 만드네.
서두르며 그리고 밤을 새워가며
바느질을 하네, 만남을 고대하면서.

그러나 서두른들, 내 귀여운 아이야

**제3부
사랑의 서정시**

너의 비단결 같은 머리카락을 구기고

너는 하느님을 감동시킬 수 없단다.
나는 네 걱정을 한단다,
쓰디쓴 의심을 숨기지 않으며.

젊은이는 가슴에 총상을 입고
명예의 이름으로 전사했네.
만일 그가 한숨을 쉬었다면
이는 오직 약혼녀를 향한 것이었으리.

재난은 죽음을 알아차리고
모든 사람을 쓸어 눕히네.
약혼녀는 제 옷을 수의처럼 입고
소용돌이 한가운데로 들어가네.

모든 사람들이 영원한 세계
자기의 꿈으로 돌아갔네.
그러나 누가 그녀에게 말해주었던가,
분주한 거기서 신랑을 만날 수 있다고?

약혼녀는 자기의 사랑을 찾으러 갔네,
공포도 없이, 겁도 없이.
그러나 만약 거기서 다시 만나도
그들은 서로를 알아보지 못하리라

1890

Асқа, тойға баратұғын,
Жаны асығып, жас жігіт
Қолға кетті жауға бір күн,
Тірі адамның ісі – үміт.

Қозғады жау батыр ерді
Жауға сойқан салғалы.
Қалыңдығы қала берді,
Жатыр еді алғалы.

Асықсаң да, шырағым,
Саған деген құданын.
Жазылған қандай жарлығы,
Есіткен жоқ құлағың.

Қалыңдық құшып, сүюге
Күйеуіне ынтызар.
Келісімен тиюге
Дайындалған ойы бар.

Көйлегін ақтан тіккіштеп,
Күні-түні дем алмай,
Бітіруге жүр күштеп,
Асыққансып, тоқталмай.

Сен асыққан екен деп,

Алла әмірін езгертпес.
Айтқаның болар ма екен деп,
Мен қорқамын, көз жетпес.

Жара басты кеудені,
Жаудан өлді ар үшін.
Ескермей өзге дүниені,
«Ah»! деп өтті жар үшін.

Жамандық тұрмас күттіріп,
Ел есітті, қыз білді.
Ақ көйлекті бітіріп,
Кебінім деп киді, өлді...

Қол жетпеген некені
Сүйіп кеткен жан екен.
Көзің неге жетеді,
Қосылмақ онда бар ма екен?

Шыны ғашық жар болса,
Неге өлдім деп налымас.
Онда екеуі кез келсе,
Бірін бірі танымас.

1890

사랑하는 사람끼리 하는 말은 낱말 없는 언어
그냥 바라보고 직감을 받아들여라.
사랑에 빠진 이들은 실수하는 법이 없으니
바라는 대로 믿고 원하는 대로 웃어라.

나도 예전엔 이런 말을 잘 알고 있었지,
글자를 읽지도 않고 뜻을 알아채곤 했으니까.
한순간에 이해하고 그대로 납득했었건만
헌데 지금은 도무지 갈피를 잡을 수 없음이여.

1894

Ғашықтың тілі – тілсіз тіл,
Көзбен көр де, ішпен біл.
Сүйісер жастар қате етпес,
Мейлің илан, мейлің күл.

Ол тілге едік оңтайлы –
Қаріпсіз біліп сондайды.
Біліп-ақ, ұғып қоюшы ек,
Енді ішіме қонбайды.

1894

제3부
사랑의 서정시

55

붉어지기도 창백해지기도 하고
가슴이 빨리 뛰기 시작하네.
다른 이들 눈을 피해
서로를 만나야 함을 느끼네.

열렬히 사랑하는 두 연인은
한 길을 걷지 않을 수 없네.
그들은 만나면 슬퍼하고
필요한 말을 잇지 못하네.

자신들의 심장과 싸우면서
조심스럽게 걸어가네.
또 온 마음으로 주시하네,
말소리와 숨결의 살랑거림을.

숨결은 점점 뜨거워지고
손가락은 차갑게 떨리기 시작하네.
왜 그리 불편해하는지 모른 채
그들의 모습 달라지네.

어깨와 어깨가 스치고
눈과 눈이 흐려지네.
말없이 서로 입을 맞추네,
그리고 스스로에게도 취하네.

너의 비단결 같은 머리카락을 구기고

169

주위에는 나뭇잎이 놓여있고
그들 위에는 별들의 반짝임.
총각도, 처녀도
부드러운 감성의 떨림 안에 있어라.

그들에게는 다른 생각이 없고
자신들에게만 사로잡혀있구나.
넘치는 행복의 빛발
그들 심장에 고요히 흘러라.

심장에 감정이 가득 차고
뼈마디가 약해지네.
쾌락으로 인해 힘을 잃고
눈에는 본의 아니게 눈물이 맺히네.

재치 있는 속삭임, 깊은 생각,
그때 그대들은 어디에 있었는가?
사랑 앞에 머리를 숙여라
그대는 졌구나, 나는 그대를 쟁취했노라!…

1891

제3부
사랑의 서정시

Қызарып, сұрланып,
Лүпілдеп жүрегі.
Өзгеден ұрланып,
Өзді-өзі керегі.

Екі асық құмарлы,
Бір жолдан қайта алмай.
Жолықса ол зарлы,
Сөз жөндеп айта алмай.

Аяңдап ақырын,
Жүрекпен алысып,
Сыбдырын, тықырын,
Көңілмен танысып.

Дем алыс ысынып,
Саусағы суынып.
Белгісіз қысылып,
Пішіні құбылып.

Иығы тиісіп,
Тұмандап көздері.
Үндемей сүйісіп,
Мас болып өздері.

Жанында жапырақ,
Үстінде жұлдыз да.
Елбіреп—қалтырап,
Жігіт пен ол қыз да.

Өзге ойдан тыйылып,
Бірімен бірі әуре.
Жүрекке құйылып
Жан рахат бір сәуле.

Жүрегі елжіреп,
Буындар босанып.
Рахатпен әлсіреп,
Көзіне жас алып.

Жүйрік тіл, терең ой,
Сол күнде қайда едің?
Ғашыққа мойын қой,
Жеңілдің, жеңілдің!..

1891

가여운 심장아 뛰지 마라

제4부

비애의 서정시

늙음이 있는 곳에 비애가 있고 꿈자리도 사나워라,
애석함은 독과 같고 생각의 맛은 짜구나.
말귀를 알아듣는 사람은 찾지 못하고
지쳤을 때에는 격려해주는 것도 없구나.

젊음이 가고 태어난 이들이 죽고
지나간 인생은 풀밭으로 되돌아오질 않네.
하느님 외에는 세상 모든 것이 변하고
그대의 모든 자취도 잊히게 되어있구나.

게으름이 그대를 이기게 해서는 안 되리,
현명치 못한 일들이 뒤따라오느니.
게으름뱅이는 오직 군중에만 열중하네,
사색이나 불손한 행동에 빠지는 것이 아니고.

수치스러운 사람은 노동도 못하고
더러운 행동으로 부끄러워하는 것이 보이네.
유리로 만들어진 그릇은 어느 날 깨어질 것이니
비열한 행동은 그를 법정으로 끌고 가리라.

인생이란 재산이지, 똑똑한 사람에게는,
또 집짐승을 늘리고 명예로 자라난 사람에게는.
헌데 그대에게서는 이도 저도 찾을 수가 없구나,
그대는 마을을 돌아다니며 제 웃음에 반해있구나.

제4부
비애의 서정시

가여운 심장아 뛰지 마라

그대 귀는 더러운 자의 흉계에 기울어
오직 날조된 거짓만을 듣고 있구나.
어떻게 그대가 진실의 가치를 알겠는가,
이렇게 비과학적인 것들을 믿는데.

금빛 나는 수건과 은빛 나는 종소리를
그대는 기적인 양 찬양했구나.
지혜로운 노인과 유식한 아버지의 말은
오래전에 거부하고 멀리 달아날 준비가 되었구나.

허나 이성적인 사람은 모든 면을 사색하지,
전체를 다 평가해야 하는 것이니까.
그는 제 자신에게서 판단과 규정을 찾지만
무지한 자는 오직 여론에 의지해서만 강하구나.

그는 악의를 숨기고 겉으로는 감동적이라네,
형제를 저승으로 보내고는 어찌나 우는지!
행운을 얻은 이들을 보며
그들이 하느님의 총아인 양 탄복하네.

백성들의 싸움으로 악마는 높이 들리고
패한 천사는 손해를 보고 있구나.
무지한 자는 제 잘못을 인정할 줄 몰라
왕위에 오른 악마를 도와 줄 것이리라.

얼마나 위엄 있고 신비하고 격분해 있는가!
적의를 불사르며 자신에게 빠져있으니.
그러나 인생에서 악의로 솟아오를 수 있던가?
놀랍지 않은가, 언제 자신을 바라볼 것인가?

다스리는 말의 어조를 배우기가 어찌 쉽던가?
또 정직한 이와 그렇지 못한 자가 같아졌던가?
허영심 때문에 촌장이 되어도
그는 무능하여 개처럼 졸렬하구나.

1886

Қартайдық, қайғы ойладық, ұйқы сергек,
Ашуың – ашыған у, ойын – кермек.
Мұңдасарға кісі жоқ сөзді ұғарлық,
Кім көңілді көтеріп, болады ермек?

Жас қартаймақ, жоқ тумақ, туған өлмек,
Тағдыр жоқ өткен өмір қайта келмек.
Басқан із, көрген қызық артта қалмақ,
Бір құдайдан басқаның бәрі өзгермек.

Ер ісі – ақылға ермек, бойды жеңбек,
Өнерсіздің қылығы өле көрмек.

제4부
비애의 서정시

가여운 심장아 뛰지 마라

Шыға ойламай, шығандап қылық қылмай,
Еріншек ездігінен көпке көнбек.

Жамандар қыла алмай жүр адал еңбек,
Ұрлық, қулық қылдым деп қағар көлбек.
Арамдықтан жамандық көрмей қалмас,
Мың күн сынбас, бір күні сынар шөлмек.

Адамзат тірілікті дәулет білмек,
Ақыл таппақ, мал таппақ, адал жүрмек.
Екеуінің бірі жоқ, ауыл кезіп,
Не қорлық құр қылжаңмен күн өткізбек?

Наданға арам – ақылды құлаққа ілмек,
Бұл сөзден ертегіні тез үйренбек.
Рас сөздің кім білер қасиетін,
Ақылсыз шынға сенбей, жоққа сенбек.

Қызыл арай, ақ күміс, алтын бергек
Қызықты ертегіге көтерілмек.
Ақсақалдың, әкенің, білімдінің
Сөзінен сырдаң тартып, тез жиренбек.

Ақылды қара қылды қырыққа бөлмек,

Әр нәрсеге өзіндей баға бермек.
Таразы да, қазы да өз бойында,
Наданның сүйенгені — көппен дүрмек.

Алашқа іші жау боп, сырты күлмек,
Жақынын тіріде аңдып, өлсе өкірмек.
Бір—екі жолы болған кісі көрсе,
Құдай сүйіп жаратқан осы демек.

Ел бұзылса, құрады шайтан өрмек,
Перішге төменшіктеп, қайғы жемек.
Өзімнің иттігімнен болды демей,
Жеңді ғой деп шайтанға болар көмек.

Сырттансынбақ, құсынбақ, өршілденбек,
Сыбырменен топ жасап бөлек—бөлек.
Арамдықпен бар ма екен жаннан аспақ,
Өзімен—өзі бір күн болмай ма әлек?

Қолдан келе бере ме жұрт меңгермек,
Адалдық, арамдықты кім теңгермек?
Мақтан үшін қайратсыз болыс болмақ,
Иттей қор боп, өзіне сөз келтірмек.

1886

제4부
비애의 서정시

가여운 심장아 뛰지 마라

57

늙음이 있는 곳에 비애가 있고 거기엔 오직 고통뿐
이런 이상한 시절에는 내가 젊은이들을 두려워하네.
누구를 봐도 개의 눈을 가지고 있구나,
오래전부터 매수당한 욕심 많은 사람들.

부자들은 가져가네, "이자를 붙여 돌려주리다!
그대에게 필요할 때 공짜 빵을 주리다…"
또 판관과 촌장은 말다툼하네,
가문싸움에 도움을 줄 수 있다고.

가난뱅이들도 가져가네, 꼭 갚겠다고 하면서,
선거당선자는 운이 좋아서 가져가고,
뻔뻔스러운 자는 그냥 내놓고 가져가네,
압박이 센 적의로 무섭게 위협하며.

친구들도 제가 도와줄 것처럼 허세부리며 가져가네,
전쟁터에서 나를 버리지 않을 거라고 하면서.
나는 그들 눈에서 읽네, "우리가 전쟁터에서 널 버리면
넌 오랫동안 우리 대열을 못 찾을 것이다!"라는 말을.

지독히 더러운 놈은 모략을 꾸몄다고 하며 가져가네,
내가 걱정하지 않도록 해놓았다고 하면서.
백 마리의 집짐승에 이백 개의 갈망하는 입들,
생각이 너무 많아 그대의 머리가 빙빙 도는구나.

그들은 백성들을 부르고 자기 집짐승을 잡아 먹이네,
그들과 백성들 보고 온순해지라고.
까마귀보다 더 많은 사람들이 모이네,
더 많이 주는 사람 편을 들면서.

배신하기 전에는 정말 수치스러울 정도로 일이 없지,
마음에는 이전 맹세의 흔적조차 남아있지 않구나.
그걸 상기시키면, 온갖 개보다 더 악랄하게 덤벼드네,
곤경에 빠질 만큼 물어버릴 거라고 위협하며.

관리가 말했네, "공짜로 맘대로 가져가라!
그리고 네가 존경하는 사람을 선택해 투표하라!"
그러나 눈길을 위로해주는 개혁은 없구나,
"보아라!" 러시아인이 유감스러워하며 꾸짖네.

사람들은 더 비열하고 날쌔게 되고자 하네,
분별 있고 똑똑한 말들을 외치면서.
그들은 운명으로 주어진 날들을 즐기며
결단코 하느님과 함께 살지 못하리라.

아들은 아버지를, 형제들은 서로를 보살피면서
무엇하러 개처럼 그런 공포 속에 있는가.
무엇하자고 자신의 명예를 탐욕 때문에 팔겠는가,
죽는 날까지 더러운 자로 남으려고 그러는가?

가까운 마을과 먼 마을에 있는 카자흐인들은
주위 모두에서 서로 싸우고 있구나.
이것이 다 누군가의 아픈 마음이
만족과 행복대신 고통의 길을 만들기 때문이라네.

저주를 받으라 하라, 떨리는 자기들의 마음으로 인해,
다 모아 싼 값에 팔아버린 집짐승들로 인해.
또 하루하루의 세월에 함정의 씨를 뿌려
간사한 것과 거짓을 숭배하게 만들었음으로 인해.
그 거만한 자식도 저주를 받으라 하라,
타고 다니는 말을 가렵게 만든 마지막 이처럼.

1886

제4부
비애의 서정시

가여운 심장아 뛰지 마라

Қартайдық, қайрат қайтты, ұлғайды арман,
Шошимын кейінгі жас балалардан.
Терін сатпай, телміріп, көзін сатып,
Теп-тегіс жұрттың бәрі болды аларман.

Бай алады кезінде көп берем деп,
Жетпей тұрған жерінде тек берем деп.
Би мен болыс алады күшін сатып,
Мен қазақтан кегіңді әпперем деп.

Жарлы алады қызметпен өткерем деп,

Елубасы шар салып, леп берем деп.
Жалаңқая жат мінез жау алады,
Бермей жүрсең, мен сені жек көрем деп.

Дос алады бермесең бұлт берем деп,
Жауыңа қосылуға сырт берем деп,
Бұзылған соң мен оңай табылмаспын,
Не қылып оңайлықпен ырық берем деп.

Сұм-сұрқия — сұмдықпен еп берем деп,
Сүйер жансып, сүйкімді бет берем деп.
Жүз қараға екі жүз аларман бар,
Бас қатар бас-аяғын тексерем деп.

Ел жиып, мал сойыңыз ет берем деп,
Ет берсем, сен мендік бол деп берем деп.
Қара қарға сықылды шуласар жұрт,
Кім көп берсе, мен соған серт берем деп.

Бұзыларда ойламас бет көрем деп,
Ант ішуді кім ойлар дерт көрем деп.
Қабаған итше өшігіп шыға келер,
Мен қапсам, бір жеріңді бөксерем деп.

Орыс айтты өзіңе ерік берем деп,
Кімді сүйіп сайласаң, бек көрем деп.

Бұзылмаса, оған ел түзелген жоқ,
Ұлық жүр бұл ісіңді кек көрем деп.

Жұрт жүр ғой арамдықты еп көрем деп,
Тоқтау айтқан кісіні шет көрем деп.
Бар ма екен жай жүрген жан қанағатпен,
Құдайдың өз бергенін жеп көрем деп?

Атаны бала аңдиды, ағаны — іні,
Ит қорлық немене екен сүйткен күні?
Арын сатқан мал үшін антұрғанның
Айтқан сөзі құрысын, шыққан үні.

Алыс—жақын қазақтың бәрі қаңғып,
Аямай бірін—бірі жүр ғой аңдып.
Мал мен бақтың кеселі ұя бұзар,
Паруардигәр жаратқан несін жан қып!

Ант ішіп күнде берген жаны құрсын,
Арын сатып тіленген малы құрсын.
Қысқа күнде қырық жерге қойма қойып,
Қу тілмен қулық сауған заңы құрсын.
Бір атқа жүз құбылған жүзі күйгір,
Өз үйінде шертиген паңы құрсын.

1886

58

선은 너무나도 빨리 지나가고
악은 아무 때나 영원하여라.
희망의 말들이 예전처럼 끝없이
먼 곳으로 달리지를 않아.
그대가 양날 송곳으로 찔러도 모른 채
그는 심장의 슬픔에만 빠져있구나.
맞바람은 하나의 슬픔에 잠기면 곧바로
백 여 개의 슬픔을 내보내네.
노인은 날아다니는 유목민의 초병
말을 타고 돌며 신경질적으로 엉엉 우네.

검은 구름이 족쇄에 잠겨 어두워질 때
어찌 하늘이 웃을 수 있겠는가?
걱정으로 고아가 될 때
어찌 심장이 두근거리지 않겠는가?
그대가 슬픔에 휩싸여 있을 때
입술은 미소로 돌아갈 수가 없구나.
그러나 이것을 견딜 수 있는 사람은
수치감에 잠기지 않는다네.

그래도 슬픔은 너무 클 때엔
그대를 비틀어 조이고 망가뜨리지.
친척들은, 만일 그들이 나쁜 자들이면 타인,
그들의 악의가 마음을 아프게 하네.

무지가 헤아릴 수 없을 때
그것은 모든 곳에서 그대를 껴안는구나.
뻔뻔한 것들의 거만은 비교할 데가 없고
내 마음은 그들 속에서 괴로워하네.

1893

제4부
비애의 서정시

가여운 심장아 뛰지 마라

Жақсылық ұзақ тұрмайды,
Жамандық әр кез тозбайды.
Үміттің аты еленіп,
Қос тізгінді созбайды.
Қос тепкіні салсаң да,
Уайымнан озбайды.
Бір қайғыны ойласаң,
Жүз қайғыны қозғайды.
Жер қорығыш желгек шал
Желіп жүріп боздайды.

Құрсаған бұлт ашылмай,
Аспанның жүзі көгермес.
Үрпейген жүрек басылмай,
Талапты көңіл елермес.
Шырайды қайғы жасырмай,
Күлкінің ерні кезермес.

185

Абай
Таңдамалы
өлеңдер

Шыдасаң есті қашырмай,
Құлдатып, қор қып жібермес.
Кез келсе қайғы қат-қабат,
Қаңғыртпай қоймас адамды.

Қасиетсіз туған - ол да жат,
Күңкілдеп берер сазаңды.
Бәрінен де сол қымбат,
Қайтерсің өңкей наданды.
Сыпыра батыр сұм құрбәт
Мақтанмен алды мазамды.

1893

사랑 없이는 소산이 없고
자식 없이는 소득이 없네.
곳곳마다 근친 같은 부류와 친척들뿐
그러나 그 누구도 달래주지 못하네.

격분하기에는 타오르는 것이 없고
만족하기에는 참을성이 없네.
머리와 수염은 백발이 되어있어

아무 것에서도 즐거움을 찾지 못하네.

젊은이들에게는 배려가 없고
징징거리는 사람에게는 존경심이 없네.
남의 마당을 감시하는 노인에게는
의심할 바 없이, 지혜가 없네.

1896

Туғызған ата, ана жоқ,

Туғызарлық бала жоқ.

Туысқан-туған, құрбылас

Қызығымен және жоқ.

Тулайын десе шара жоқ,

Толықсып жүрер шама жоқ.

Ұйқы мен астан дәм кетіп,

Сақалда, шашта қара жоқ.

Байбайшыл тартып, баға жоқ,

Жастарға жаппас жала жоқ.

Жат қораны күзеткен

Қартаң шалда сана жоқ.

1896

제4부
비애의 서정시

가여운 심장아 뛰지 마라

60 압드라흐만의 죽음

압드라흐만*이 세상과 작별했다,
고작 27년밖에 못살고.
그대에게 의식의 빛이 주어졌다면
이것을 누구와 비교해 볼 것인가?

욕심의 영혼자취는 그를 이끌지 않았다,
그는 친척들에게 언제나 친절했다.
복되게도 하느님이 그에게 거만을 주지 않고
깨끗한 웃음을 선사하셨다.

그는 조용히 있을 줄을 몰랐었다,
과학의 맛을 알기 전 그때까지는,
알 수 없는 땅
그 광야를 걷기 전까지는.

백발에 현명함이 깃들여있지 않으면
오래 산들 무엇에 쓸 모가 있겠는가.
가슴에 하느님의 빛이 없으면
무지는 역시 마멋이나 같구나!

---

* 압드라흐만(Әбдірахман, 1869-1895) : 아바이의 첫 번째 부인에게서 난 아들. 쌍크트 뻬쩨르부르그에서 포병학교를 졸업했다. 그는 독일어에 능통하여 아바이가 고대 그리스와 로마로 시작되는 서구문화를 이해하는데 많은 도움을 주었다.

제4부
비애의 서정시

가여운 심장아 뛰지 마라

그는 이미 뻬쩨르부르그*에서부터 알고 있었다,
자기가 많이 아프다는 것을.
그러나 그는 어릴 때부터 굳세게 자라났다.
그는 운명에 맞서느라 묵묵히 견뎌냈다.

"난 예언자처럼 오래 살지 못할 것이다!"
이따금 진담 반 농담 반으로 말하곤 하였지.
그리고 그는 웃었지,
그에게 정을 느낀 이들이 울지 못하도록.

비록 매우 짧긴 했지만 그는
과학으로 자신의 삶을 연장했다.
그는 지식으로 많은 마음들을 적셨다,
물이 넘치는 큰 강처럼.

크림과 뚜르께스딴과 카프카즈*도
러시아와 시베리아도 돌아다녔다.
그는 온 세상을 안아보지 못하고서는,
세상나라들을 모르고서는 살수가 없었다.

갑자기 나타났다 사라진 혜성처럼
삶의 하숙집에 그는 오래 머물지 않았다.
아, 누가 그를 비난할 수 있겠는가,
그의 성스러운 무죄를.

---

* 뻬쩨르부르그, 크림, 뚜르께스딴, 카프카즈 : 러시아와 카자흐스탄에 있는 지명들

운명과 말 못하는 인연을 맺어,
심장과 지혜를 믿어
죽음에 순종하며 그는
그 누구에게도 마음을 열어주지 않았다.

그는 오직 종이만을 믿고 썼다,
우리와 제 친척들을 얼마나 사랑했는지를,
그의 의무가 너무나도 커서
아내 앞에서 얼마나 괴로워했는지를.

백 살 된 노인도 알지 못했다,
그 젊은이가 본 것을.
그는 마지막으로 썼다. "아버지!
그렇게 슬퍼하지 마세요, 아버지!"

나는 낡은 것의 끝이고
그는 새것의 지도자였다.
소금처럼 짜디짠 눈물이 흐른다,
나는 늙은이가 되어 고아가 되었다.

불행 중에서도 가장 슬픈 불행,
그는 나의 살아있는 정화수였다.
채찍으로 눈을 맞은 듯
눈물에 휩싸여 목이 멘다.

1895

Әбдірахман өліміне

Жиырма жеті жасында
Әбдірахман көз жұмды.
Сәулең болса басыңда,
Кімді көрдің бұл сынды?

Дүниелікке кеңлі тоқ,
Ағайынға бауырмал.
Тәкәппар, жалған онда жоқ,
Айнымас жүрек, күлкін, – бал.

Ғылым оқып білгенше,
Тыным, тыныштық таппаған.
Дүниені кезіп кергенше,
Рахат іздеп жатпаған.

Ұзақ өмір не берер,
Көрген, білген болмаса?
Жатқан надан не білер,
Көңілге сәуле толмаса?

Петербурда–ақ кідірмей,
Біліпті дерттік барлығын.

Тәуекел қып білдірмей,
Күтіпті тәңрі жарлығын.

Қалжыңы, шыны аралас,
Өмірім аз деп білдіріп.
Бөтен көзде көрсе жас,
Ойнаймын деп күлдіріп.

Аз өмірін ұзайтқан,
Ғылымға бойы толған соң.
Көрген жерін молайтқан,
Оқып, біліп болған соң.

Қырым, Кавказ, Түркстан,
Ресей, Сібір қалмады.
Хабарланып әр тұстан,
Көрмей дамыл алмады.

Құйрықты жұлдыз секілді
Туды да, көп тұрмады.
Көрген, білген екінді,
Мін тағар жан болмады.

Тәуекел зор, ақыл мол,
Қорықпай тосқан тағдырын.
Қиынсынбай өлімді ол,

Білдірмеген еш сырын.

Ата—ананың қызметін,
Алған жардың қарызын,
Өтемей кеткен бейнетін,
Қағазға жазған арызын.

Көргені мен білгені
Жүзге келген шалдан көп.
Бізге уайым жегені –
Арманда боп қалды деп.

Жаңа жылдың басшысы – ол,
Мен ескінің арты едім.
Арман деген ащы сол,
Сүйекке тиді, қарт едім.

Қайғы болды, күйгендей,
Ол қуатым еді рас.
Көзге қамшы тигендей
Шыр айналды артқы жас.

1895

운명에 삐친 우리는 버림받은 이들
그러나 악한 인생과 작별하려 서두르지 않네.
운명은 빈손으로 우릴 죽이지 못하네,
자기가 영웅이 되려고 하지만.

1897

Соры қалың соққы жеген пышанамыз
Қайтіп суып, жалғаннан күсе аламыз.
Құр дәрімен атқанға өлмейді екен,
Өмірі мақтаншаққа нысанамыз.

1897

제4부
비애의 서정시

가여운 심장아 뛰지 마라

둘러보니 모두들 시장으로 가서
원하는 건 무엇이든 다 찾아내네.
누구는 빵을, 다른 이는 산호목걸이를 사고,
허나 시장은 모두에게 같은 물건을 주질 않네.

사람들은 저마다 찾는 물건 있어
각자 형편에 맞게 그것들을 구입하네.
누구는 이 말뜻 이해하나 다른 이는 못하리라,
그들은 물건의 진정한 가치를 모른 채 놀라리라.

지금, 이 말 이해하는 사람들 있을까?
모두들 마음에 들라고 이 말 한 게 아니라.
쓰인 글귀도, 구멍 뚫린 진주도 헛되이 되고
이 말 이리 저리 넘어가 온 백성에게 퍼지리.

한 사람 아닌 온 백성에 대해서 쓰노니
벗들이여, 노여워 말고 내 말을 들어보게.
사람들 말하듯 "개 목의 산호목걸이로 무얼 하겠는가"
빛이 있는 젊은이들은 생각에 잠기리라.

1886

Базарға, қарап тұрсам, әркім барар,
Іздегені не болса, сол табылар.
Біреу астық алады, біреу – маржан,

Әркімге бірдей нәрсе бермес базар.

Әркімнің өзі іздеген нәрсесі бар,
Сомалап ақшасына сонан алар.
Біреу ұқпас бұл сөзді, біреу ұғар,
Бағасын пайым қылмай аң-таң қалар.

Сөзді ұғар осы күнде кісі бар ма?
Демеймін жалпақ жұртқа бірдей жағар.
Жазған соң жерде қалмас тесік моншақ,
Біреуден біреу алып, елге тарар.

Бір кісі емес жазғаным, жалпақ жұрт қой,
Шамданбай-ақ, шырақтар, ұқсаң жарар.
«Ит маржанды не қылсын» деген сөз бар,
Сәулесі бар жігіттер бір ойланар.

1886

제4부
비애의 서정시

63

당신을 믿었습니다, 나의 하느님이시여
당신께로 이끌어 주십시오, 나는 모든 면에서 당신의 것.
원수에게 목덜미를 잡혔을 때
내 곁에는 한사람도 보이지 않았습니다.
아르근 가문과 나이만 가문의 지도자들은
내가 불같은 말들로 무찔렀습니다.
그러나 아르근가문 내 토빅크트 파*의 낮은 집단 평민들은
우박과 우레라는 뜻의 말이 아무런 소용이 없었습니다.
내가 언어를 금덩어리로 만들어
그들 앞에 던져 주는데도 그들은 받지를 않고
그 대신 구리 조각이라도 달라 해도 주질 않습니다.
그들은 죄 많은 시장에서 거친 면직물로
금은실을 수놓은 비단을 사고파 합니다,
당신을 속이려고 수고를 아끼지 않으면서.
그러나 매듭을 자르면,
그 거만한 머리들을 자르면
시간이 전환의 때를 정할 것입니다.
그대들이여, 어찌 징벌을 피할 수 있겠는가,
격노한 하느님의 얼굴에서?

1886

---

* 아르근(Арғын) 가문, 나이만(Найман) 가문, 토빅크트(Тобықты) 파: 카자흐인들은 3개의 쥬스(민족의 하위단위인 부족과 비슷한 개념의 계파)로 이루어져 있는데 대쥬스, 중쥬스, 소쥬스가 그것이다. 물론 대중소의 명칭만 붙어있을 뿐 이 쥬스들 간에 상하의 구분은 없다. 아르근 가문(씨족)과 나이만 가문(씨족)은 중쥬스에 속해있다. 아바이는 아르근 가문에서 태어났으며 그 중에서도 토빅크트라 불리는 파의 출신이다.

Патша құдай, сыйындым
Тура баста өзіңе.
Жау жағадан алғанда,
Жан көрінбес көзіме.
Арғын, Найман жиылса,
Таңырқаған сөзіме.
Қайран сөзім қор болды,
Тобықтының езіне.
Самородныйсарыалтын,
Саудасыз берсең, алмайды
Саудыраған жезіне.
Саудырсыз сары қамқаны
Садаға кеткір сұрайды
Самарқанның бөзіне.
Кеселді түйін шешілсе,
Кердең мойын кесілсе,
Келмей кетпес кезіне.
О да құдай пендесі,
Түспей кетер деймісің
Тәңрінің құрған тезіне?

1886

제4부
비애의 서정시

가여운 심장아 뛰지 마라

64 촌장이여 그대는 괜히 그렇게 기뻐하는구나,
관리가 형제처럼 부드러워졌다고,
그가 수놓은 외투를 그대에게 입혀주었다고,
그가 열성스러워졌다고.

이것이 영원할 거라 생각지 마라,
이 기쁨은 하루살이 기쁨에 지나지 않으니.
외투와 가슴의 금줄 장식이
그에게서 받은 모욕들을 어찌 보상해 주겠는가?

그대는 웃고 만족해하고 자랑스러워하며
가문과 친척들 앞에서 자랑하는구나.
끝날 줄 모르는 자랑의 연기
이 헛소리가 무엇 때문에 필요한가.

모든 사람들이 다 만족해하고 양도 잡았구나,
심부름꾼에게는 선물까지 받아오라 일렀구나.
그대들은 나를 편치 못하게 한다,
이 모든 것이 나를 지치게 만들었어라!

무엇 때문에 기뻐하는지 나는 모르겠다,
난 도무지 같이 기뻐하지를 못하겠다.
보통은 달콤한 음식을 맛본
아이들이나 그렇게 만족해하지 않던가.

나는 유감스럽고 수치스러워 슬픔에 잠겼다,

"이렇게까지 자신을 망신시키다니? 그것도 모두 앞에서!
그대 조금이라도 생각해보라, 어떤 대가로
이 가여운 성과를 쟁취했는지?

그대는 손에서 반짝거리는 노리개를 보고
정신 줄 놓을 여자 같은 그런 사람이 아니잖은가.
… 다른 사람들더러 그대를 믿으라 하라,
허나 난 그대의 실패를 느낀다, 믿지 않는다."

1889

Мәз болады болысың,
Арқаға ұлық қаққанға.
Шелтірейтіп орысың,
Шенді шекпен жапқанға.

Күнде жақсы бола ма,
Бір қылығы жаққанға?
Оқалы тон тола ма,
Ар-ұятын сатқанға?!

Күлмең қағып қасқайып,
Салынып ап мақтанға.
Таң қаламын қампайып,

Жоқты−барды шатқанға.

Үйі мәз боп, қой сойды
Сүйіншіге шапқанға.
Әуре қылды, салды ойды
Үйдегі тыныш жатқанға.

Еш нәрсе емес жұбанар
Ақыл көзбен баққанға.
Жас баладай қуанар,
Бір дәмдіні татқанға.

Көзі барлар ойының
Күлер к...ін ашқанға,
Қасиетін бойының
Бекер төгіп шашқанға.

Қуанарлық қыз емес
Жылтырауық таққанға.
Өзгелерді, біз емес,
Түсірмекші қақпанға.

Осы да есеп бола ма
Ар, абұйыр тапқанға?

제4부
비애의 서정시

가여운 심장아 뛰지 마라

Миың болса, жолама
Бос желігіп шапқанға.

Бір бес надан, оңбассың,
Нансаң, онын қосқанға.
Жасық, жаман болмассың,
Жамандықтан қашқанға.

Ол «болдым—ақ» дей берер,
Бұлғақ қағып басқанға.
Елең қағып елбірер,
Елертіп көзді аспанға.

Жайы мәлім шошқаның,
Түрткенінен жасқанба.
Бір ғылымнан басқаның
Кеселі көп асқанға.

Одан үміт кім қылар,
Жол табар деп сасқанда?
Үйтіп асқан жолығар
Кешікпей—ақ тосқанға.

1889

카자흐인이여, 친척이여, 나의 친근한 백성들이여!
콧수염은 자라 그대들 입을 가렸구나.
그대들은 피와 게걸스러움에서 선악을 가리질 못했구나,
그게 하루도 아니고 한해도 아닌데.
필요하다면 그대는 때때로 아주 좋은 사람이지,
때로는 장사꾼처럼 이도 저도 아니기도 하고.
그대는 자신의 말 외에는 다른 말을 이해하지 않는구나,
허황된 말에 빠진 인간쓰레기들이여.
어느 날 집짐승이 도난당할까 두려워
그대는 낮에는 웃을 수 없고 밤에는 잘 수도 없구나.
이렇게 마음먹을 때도 있고 저렇게 맘먹기도 하고
그대는 쉽게 타오르며 혹시나 하며 사는구나.
완전한 인간쓰레기들이 지도자가 되어
백성들 사이에 불화를 일으키는데 성공했구나.
그대가 자신의 의지를 손에서 놓쳤으니
그 누구도 그대의 진실한 모습을 돌려줄 수 없어라.
친척들도 믿을 수 없으리라, 만일 저들에게
가장 중요한 것이 자신들의 이해타산이라면.
단합도 없고 이를 향한 의지도 없으니
그대의 피해와 재난을 헤아릴 수가 없구나.
지혜와 재산을 모으지도 못하고
끊임없이 시샘하여 자신의 가문을 망치는구나.
계속하여 아집에 길을 내줄 것인가?
그대의 결함이 그대를 망신시키고 말리라.

제4부
비애의 서정시

가여운 심장아 뛰지 마라

203

마흔 살쯤이면 우리는 무엇으로 위안을 받을 것인가,
그대의 비행이 초원보다 더 높다는 것인가?
생각이나 걱정을 모르는 나의 교활한 사람들아
세월은 흐르는데 어릿광대질이 무슨 소용이 있는가?
그러나 그대를 정신 들게 하려는 사람은
오직 비방밖에 받지 못할 것이리라.

1886

Қалың елім, қазағым, қайран жұртым,
Ұстарасыз аузыңа түсті мұртың.
Жақсы менен жаманды айырмадың,
Бірі қан, бірі май боп енді екі ұртың.
Бет бергенде шырайың сондай жақсы,
Қайдан ғана бұзылды сартша сыртың?
Ұқпайсың өз сөзіңнен басқа сөзді,
Аузымен орақ орған өңкей қыртың.
Өзімдікі дей алмай өз малыңды,
Күндіз күлкің бұзылды, түнде — ұйқың.
Көрсеқызар келеді байлауы жоқ,
Бір күн тыртың етеді, бір күн — бұртың.
Бас-басына би болған өңкей қиқым,
Мінеки, бұзған жоқ па елдің сиқын?
Өздеріңді түзелер дей алмаймын,

Өз қолыңнан кеткен соң енді өз ырқың.
Ағайын жоқ нәрседен етер бұртың,
Оның да алған жоқ па құдай құлқын?
Бірлік жоқ, береке жоқ, шын пейіл жоқ,
Сапырылды байлығың, баққан жылқың.
Баста ми, қолда малға талас қылған,
Күш сынасқан күндестік бұзды—ау шырқын.
Оңалмай бойда жүрсе осы қыртың,
Әр жерде—ақ жазылмай ма, жаным, тырқың?
Қай жеріңнен көңілге қуат қылдық,
Қыр артылмас болған соң, мінсе қырқың?
Тиянақсыз, байлаусыз байғұс қылпың,
Не түсер құр күлкіден жыртың—жыртың.
Ұғындырар кісіге кез келгенде,
Пыш—пыш демей қала ма ол да астыртын?

1886

제4부
비애의 서정시

가여운 심장아 뛰지 마라

그들은 종말로 치닫는 시대의 청년들
어디서나 싸움질만 하는구나.
그들은 서로 느끼는 악의의 법을
마음속에 깊이 간직했구나.

그들의 상품인 명예와 수치는 가망이 없어라
자신을 고칠 힘이 그들에게는 없으니.
노력도 수고도 없이 큰돈을
오직 말로서만 쟁취하려 함이여.

그들은 쓸데없는 일에만 빠지고
운명과 맞서 내기하지 못하네.
파탄과 불화를 불러일으키며
배가 너무 불러 격앙에 빠지네.

계속하여 그들은 말재간을 부리고
눈들은 교활하게 빛나네.
서슴없이 더러운 짓을 저지르네,
모두를 조롱하느라 애를 쓰면서

1891

Заман ақыр жастары
Қосылмас ешбір бастары.
Біріне бірі қастыққа
Қойнына тыққан тастары.

Саудасы – ар мен иманы,
Қайрат жок бойын тиғалы.
Еңбекпен етті ауыртпай,
Құр тілменен жиғалы.

Өнімсіз іске шеп-шебер,
Майданға түспей несі өнер.
Сиырша тойса мас болып,
Өреге келіп сүйкенер.

Күлмендеп келер көздері,
Қалжыңбас келер өздері.
Кекектеп, секек етем деп,
Шошқа туар сөздері.

1891

나는 언젠가 무지한 자들을 홀시했네,
무식한 인간쓰레기들이라고 생각했네.
그렇게 자신에게 현혹되어
나는 시간을 고쳐보려고 하였네.

그러나 친구들을 찾아내지 못했네,
무지한 자들의 무리와 싸우느라고.
내 앞길을 가로 질러놓고 그 누구도
나의 꿈을 이해하지 못했네.

정신없고 악의로 가득 찬 고함을 지르며
모두들 내게로 달려들었네.
말을 타고 지나가며 내게 욕설을 퍼부었네,
이제는 그들을 되돌릴 수가 없네.

모든 것에 만족하여 백성들은 떠났네,
허망한 경마놀이에나 시간을 보내려고.
세월이 흘러 나도 다른 사람이 되었고
이제는 평온이 내게 더 소중해졌다네.

그렇구나, 나는 싸움에 지쳤고
이제 난 아내와 자식들에게 손님이구나.
지금 나에게는 말공부가 필요 없어라,
그 누구의 모략이나 의도도.

제4부
비애의 서정시

가여운 심장아 뛰지 마라

아, 내 백성이여! 그대는 사랑스럽지 않지만,
어찌 내가 그대를 사랑할 수 있겠는가?
내가 어찌 그대를 친근한 백성이라 부르겠는가?
그대 때문에 내가 이리도 수치스러운데.

집짐승 약탈도 그대를 유혹하네,
그리고 술을 마시는 모임도.
왜 이런 분주한 짓이 필요한가?
이것이 다 무엇이 되겠는가?

평온과 정적이 그대에게는
슬프고 심심할 것 같이 보이리라.
그러나 그대 마음은 가득히 차있구나,
미끄러운 전쟁의 싸움판으로.

아니라, 그렇게는 아니 되리라! 그대도
어서 깨어나라, 아직 혈기왕성할 때.
말 좀 해 달라, 말을 해도 소용없을 때
늙은이는 어찌 해야 하는지를?

1891

Менсінбеуші ем наданды,
Ақылсыз деп қор тұтып.
Түзетпек едім заманды,
Өзімді тым—ақ зор тұтып.

Таппадым көмек өзіме,
Көп наданмен алысып.
Көнбеді ешкім сөзіме,
Әдетіне қарысып.

Жан шошырлық түрінде
Бәрі бірдей еліріп.
Ұстай алмадым бірін де,
Кекиді кейін шегініп.

Әринемен ел кетті,
Қоқиланды, мақтанды.
Қуат бітті, күн өтті,
Жарылқа, құдай, жатқанды.

Мен – қажыған арықпын,
Қатын, бала қонағы.
Сендерге де қаныкпын,
Жұртың анау баяғы.

제4부
비애의 서정시

가여운 심장아 뛰지 마라

Жарлы емеспін, зарлымын,
Оны да ойла толғанып.
Жұртым деуге арлымын,
Өзге жұрттан ұялып.

Барымта мен партия –
Бәрі мастық, жұрт құмар.
Сыпыра елірме, сұрқия,
Көп пияншік нені ұғар?

Татулықты, тыныштықты
Қоңыр көрер, кем көрер.
Ұрлық пенен қулықты
Қызық көрер, өңі енер.

Мұндай елден бойың тарт,
Мен қажыдым, сен қажы!
Айтып-айтып өтті қарт,
Көнбеді жұрт, не ылажы?

1891

68 가비돌라에게

눈꽃은 이른 봄에 피려고 서두르지만
얼마나 살 것인지는 그도 잘 모르네.
그는 여름까지 자라나 더위에 취해
백양나무도 따라잡을 준비가 되어있어라.
가을이 왔고 땅이 얼었구나,
그는 꽃을 피우며 죽네, 나리새를 따라잡지 못하고.

나도 젊은이들의 꿈에 대해 누차 들었건만
그들의 열정에는 과연 기초가 있는가?
그걸 쌓는 동안에는 또 힘이 약해져
그대의 열기도 식고 얼굴도 주름살로 덮였구나.

1897

Ғабидоллаға

Жазғытұрым қылтиған бір жауқазын,
Қайдан білсін өмірдің көбін—азын.
Бәйтеректі күндейді жетемін деп,
Жылы күнге мас болып, көрсе жазын.
Күз келген соң тамырын үсік шалып,
Бетегеге жете алмай болар жазым.

Мен—дағы көп есіттім жастың назын,
Қол жетпеске қол созар бар ма ылажың?
«Боламынмен» жүргенде болат қайтып.
Далың сөніп, жас жүзін басады ажым.

1897

오스빤에게

멸시를 몰랐던 기치를 들고
용감한 기세로 죽음의 공포를 거부하고
원수와 열심히 싸운,
헤매는 것과는 달리 지구력으로
결함 하나 없이 산,
줄어들지 않는 혈기와
심장의 불기를 간직한
진창에 빠지는 걸 모르는 충동,
정든 산천의 풀숲이
시드는 것을 저주하며 빛나네,
위대한 강물이
마르지 않으며 빛나네,
아직 죽음을 모르는 얼굴,
쫓기는 것을 모르는 자세,
더러운 것에 구걸할 줄 모르는 마음,
나의 동료여, 그대는 죽음의 당선자로다!…

1892

Оспанға

Жайнаған туың жығылмай,
Жасқанып жаудан тығылмай,
Жасаулы жаудан бұрылмай,
Жау жүрек, жомарт құбылмай,
Жақсы өмірің бұзылмай,
Жас қуатың тозылмай,
Жалын жүрек суынбай,
Жан біткеннен түңілмей,
Жағалай жайлау дәулетің
Жасыл шөбі қуармай,
Жарқырап жатқан өзенің,
Жайдақ тартып суалмай,
Жайдары жүзің жабылмай,
Жайдақтап қашып сабылмай,
Жан біткенге жалынбай,
Жақсы өліпсің, япырмай!

1892

70

내 심장은 마흔 개의 조각*이어라,
혐오스런 이 세상으로 인해 찢겨나간.
그 심장 무사히 남아주기만을 비네,
어떤 시련을 겪어나갈지라도.

심장이 사랑했던 사람들 중에
누구는 죽고 누구는 적의를 품고
누군 계략을 꾸미고 또 누구는 논쟁하고,
그 누구에게도 기댈 곳 없구나.

그렇게 황혼기는 벌써 다가왔는데
빠져나갈 길은 보이질 않아라.
슬픔을 모르는 이는 다 방자하여
우리에게 아무런 쓸모도 없는데.

심장에 피 흐르는 불행한 이여
어서 내게로 돌아오라.
그리고 생각해보라,
평온을 모르고 괴로워하는 마음의 덕성을.

1899

---

* 마흔 개의 조각 : 40은 카자흐인들의 상징적인 숫자다.

Жүрегім менің қырық жамау
Қиянатшыл дүниеден.
Қайтіп аман қалсын сау,
Қайтқаннан соң әрнеден.

Өлді кейі, кейі - жау,
Кімді сүйсе бұл жүрек.
Кімі - қастық, кімі - дау,
Сүйенерге жоқ тірек.

Кәрілік те тұр тақау,
Алдымызда айла жоқ.
Қайғысыздың бәрі - асау,
Бізге онан пайда жоқ.

Қан жүректі қайғылы-ау,
Қайырыла кет сен маған.
Қасиетін ойлан-ау,
Қам көңілдің тынбаған.

1899

가여운 심장아, 뛰지 마라, 두근거리지 마라
부르지 마라, 내게 희망을 주지 마라
우리가 밤에 기만을 당했거늘
왜 이젠 우릴 속이는 낮을 향해 서두르느냐?

고아도 제 아비를 찾을 것이고
불운한 자에게도 안식처가 보이리라.
오, 내 심장아, 허나 오직 너만은 마지막까지
푸짐한 식탁으로 불러주지 않으리라.

누구에게도 믿음을 못주고 뉘게 매달리지도 못하고
만족치 못한 이 부름이 또다시 풀리는구나.
헌데 왜 다시 새 길을 떠나려 하는가?
이전 길이 그처럼 쓰라리고 냉혹했거늘.

예정된 것은 없어라. 재판도 거짓도 또다시
순서대로 시작되리라, 그것을 멀리할 수 없어라.
가련한 심장아, 도대체 어디로 날아가느냐?
심장아, 심장아, 너는 나를 어디로 부르느냐?

1892

Жүрегім, ойбай, соқпа енді!
Бола берме тым күлкі.
Көрмейсің бе, тоқта енді,
Кімге сенсең, сол — шикі.

Жетім қозы — тас бауыр,
Түңілер де отығар.
Сорлы жүрек мұнша ауыр,
Неге қатты соқтығар?

Сенісерге жан таба алмай,
Сенделеді ет жүрек.
Тірілікте бір қана алмай,
Бұл не деген тентірек?

Жоқ деп едің керегің,
Топ жиып ең бір бөлек.
Кезек келер демедің,
Ендігі керек қай керек?

1892

제5부

말을 탄 채, 또 말을 타지 않은 채

8행시

72

아무리 예리한 칼날도
가장 날카로운 바늘 끝도
그런 상처를 남기지 않으리라
너는 박식한 이에게는 꿀이고
무지한 자는 안중에도 없구나,
그에게는 이득도 해도 없다.
괜한 긴장을 거부하라,
듣기에 무관심하고 사색에 귀가 멀라.

1889

Өткірдің жүзі,
Кестенің бізі
Өрнегін сендей сала алмас.
Білгенге маржан,
Білмеске арзан,
Надандар бәһра ала алмас.
Қиналма бекер, тіл мен жақ,
Көңілсіз құлақ — ойға олақ.

1889

78

머리에 있는 것은 뇌가 아니다,
생각들도 분간 할 수 없다.
무지한 자에게는 오직 웃음 뿐
그는 군중 앞에서 머리를 숙이네.
법은 인간쓰레기들의 견해인데
그는 모든 이의 비유를 맞추려 하네.
만일 그대에게 힘과 지식이 없으면
입을 다물라, 암흑 속에서 헤매지 말고.

1889

제5부
8행시

말을 탄 채、또 말을 타지 않은 채

Басында ми жоқ,

Өзінде ой жоқ,

Күлкішіл керден наданның.

Көп айтса көнді,

Жұрт айтса болды —

Әдеті надан адамның.

Бойда қайрат, ойда көз

Болмаған соң, айтпа сөз.

1889

그들은 뒷소리나 한마디씩 하고
몰래 돌을 던지면
모두가 다 환희에 넘쳐난다.
자랑나팔을 불며
무덤에서도 평온을 모른다,
계속 징징거리는 비방 때문에.
무엇에도 한도가 없고 수치도 모른다.
나는 거기에 절대로 끌리지 않는다.

1889

Тасыса өсек,
Ысқыртса кесек –
Құмардан әбден шыққаны.
Күпілдек мақтан,
Табытын қаққан –
Аңдығаны, баққаны.
Ынсап, ұят, терең ой
Ойлаған жан жоқ, жауып қой.

1889

제5부
8행시

"말재주꾼! 말공부쟁이!
모든 계략의 명수!"
그대는 언제나 이렇게 불리고 싶었지,
백성들이 공포에 잠겨
온 한해를 떨며 지내도록.
그대 앞에서 다르게 행동하면 불행이구나!
마음에 안 드는 이들은 먼지로 날리고
무조건 충성한 자들의 열정만 평가하는 것을.

1889

Сөзуар білгіш,

Закүншік, көргіш,

Атанбақ — мақсұт, мақтанбақ.

Жасқанып, қорқып,

Жорғалап, жортып,

Именсе елің, баптанбақ.

Қарғағанын жер қылмақ,

Алқағанын зор қылмақ.

1889

그대는 노여움을 품지 마라
사람들 속에서 그들의 편이 되라
이제는 그대의 길을 찾을 때가 되었다.
어리석은 장난기의 웃음과
허망한 어릿광대의 길이
그대에게 좋을 것 같은가?
만일 노동에서 게으름을 이기면
배부르고, 어디서도 우는 소리를 않으리라

1889

Болмасын кекшіл,

Болсайшы көпшіл,

Жан аямай кәсіп қыл.

Орынсыз ыржаң,

Болымсыз қылжаң

Бола ма дәулет, нәсіп бұл?

Еңбек қылсаң ерінбей,

Тояды қарның тіленбей.

1889

77

누군가 그대의 집짐승을 훔친다,
그대는 여러 해를 싸우고 있다.
악의를 계속 지피지 말고 화해하라.
사기와 강탈,
재판, 폭력, 거짓은
필요 없다, 죽어도 씻을 수 없다.
만일 그대에게 양심과 명예가 있다면
그들에게 이 말을 읽어주어야 하리라.

1889

Малыңды жауға,

Басыңды дауға

Қор қылма, қорға, татулас.

Өтірік, ұрлық,

Үкімет зорлық

Құрысын, көзің ашылмас.

Ұятың, арың оянсын,

Бұл сөзімді ойлансын.

1889

배우면서 알아내라,
어떻게 수확을 높일 수 있는지를,
장사의 깊은 법이 무엇인지를.
깨끗한 열성으로
모든 것을 노동으로 획득하라,
바로 그럴 때 즐거움의 이유가 있다.
카자흐인이 카자흐인과 친하지 않으니
그들의 일에 행운이 없으리라

1889

Егіннің ебін,

Сауданың тегін

Үйреніп, ойлап, мал ізде.

Адал бол – бай тап,

Адам бол – мал тап,

Қуансаң қуан сол кезде.

Біріңді, қазақ, бірің дос

Көрмесең, істің бәрі бос.

1889

지식 안에 있는 꿈의 목소리
그대도 이제는 자유로워져라,
떠나라고 부르는 꿈을 위하여.
무지한 자들은 소경과 같아서
그들에게 필요한 건 오직 빵조각뿐,
배부르게 먹고 바로 잠자려고.
일은 거기서도 저기서도 할 수 없다,
헌데 내 운명도 달지가 않구나.

1889

Білгенге жол бос,

Болсайшы қол бос,

Талаптың дәмін татуға.

Білмеген соқыр,

Қайғысыз отыр,

Тамағы тойса жатуға.

Не ол емес, бұл емес,

Менің де күнім – күн емес.

1889

만일 그대가 집짐승처럼 배부르다면
그리고 걱정거리 하나 없다면
그대는 방탕한 생활을 하고 있는 것이다.
허무한 말다툼에서 점점 더 악해지고
친구들에게 달려들면서
그대는 자신을 실패로 이끌고 있다.
곧 밀고의 산이 무너질 것이다,
나의 벗이여, 정신 차릴 때가 왔다!

1889

Тамағы тоқтық,

Жұмысы жоқтық

Аздырар адам баласын.

Таласып босқа,

Жау болып досқа,

Қор болып, құрып барасың.

Өтірік шағым толды ғой,

Өкінер уақытың болды ғой.

1889

81

피가 끓어 솟구쳐 오른다,
그러나 또다시 불쌍히 여긴다,
그들의 성격이나 본질을 보고서는.
"더 강하게 일어나라!
더 신중하게 시작하라!"
정신 차리도록 흔들어주려고 훈계한다,
그러나 양심도 명예도 생각도 없이
그들은 금방 잠들어버린다.

1889

Қайнайды қаның,

Ашиды жаның,

Мінездерін көргенде.

Жігерлен, сілкін,

Қайраттан, беркін

Деп насихат бергенде,

Ұятсыз, арсыз салтынан,

Қалғып кетер артынан.

1889

육체는 고통을 모르고
중병이 마음을 괴롭힌다,
아픔 때문에 세상이 내게 친근하지 않다.
노여움이 나를 찌르고
날이 갈수록 힘이 든다,
힘없이 눈물만 흐른다.
무사태평과 배부름을 좋아하며
나는 끝내 생을 헛되이 보냈구나.

1889

Ауырмай тәнім,

Ауырды жаным,

Қаңғыртты, қысты басымды.

Тарылды көкірек,

Қысылды жүрек,

Ағызды сығып жасымды.

Сүйеніп күлкі тоқтыққа,

Тартыпты өнер жоқтыққа.

1889

이제는 예전과 달리 힘이 약해져
꿈을 이루지 못하리라.
꿈으로 가는 길은 길고 인생은 짧아라.
내 번영은 다 불타버렸고
예전 같은 아름다움도 없어라.
노인의 비애보다 더 어리석은 것이 있더냐?
길에 들어서면 집으로 돌아가지 못하는데
유감스럽게도 식량을 조금밖에 가져오지 않았구나.

1889

Қайратым мәлім,
Келмейді әлім,
Мақсұт – алыс, өмір – шақ.
Өткен соң базар,
Қайтқан соң ажар,
Не болады құр қожақ?!
Кеш деп қайтар жол емес,
Жол азығым мол емес.

1889

누가 그대들에게 말했는가, "놀아라!
말떼를 도둑질 하라! 더러운 짓을 하라!
빈둥거리는 것이 그대의 노동이다!"라고.
날쌔고 재빠른 것들
비열한 일을 잘 아는 이들이
어찌 그대를 옳은 길로 이끌어 주겠는가?
몇 해 동안 견고해진 성격은
습관이 되어 오직 해만을 가져오리라.

1889

Жұмыссыз сандал,
Еріксіз малды ал
Деген кім бар сендерге?
Құлықты көргіш,
Сұмдықты білгіш
Табылар кісі жөн дерге.
Үш—төрт жылғы әдетің
Өзіңе болар жендетің.

1889

85

무지한 자들은 많고 많아라,
못된 자들을 진정시키지 못 하겠구나.
그들은 예전처럼 번성하여
강했던 그들의 나날들은
사람에게서 찬양받고
말다툼으로 다 지나갔구나, 그대 잘못은 없지.
얼뜨기야, 되지 않는 것에 노력했구나!
이제는 유골에서 다시 소생하지 못하는구나!

1889

Бір кісі мыңға,

Жөн кісі сұмға,

Әлі жетер заман жоқ.

Қадірлі басым,

Қайратты жасым

Айғаймен кетті, амал жоқ.

Болмасқа болып қара тер,

Қорлықпен өткен қу өмір.

1889

그래, 백성들이 무슨 소용이 있는가,
그들더러 공포에 살라 하라, 그대는
무엇이 그댈 기다리는지 생각해 보았는가?
기억하라, 이 무서운 싸움에서
백성들은 그대를 지켜보고 있다.
그대여, 그들을 잘 관찰해보라!
만일 아내가 남편 몰래 바람을 피운다면
어찌 남편이 미행을 두려워하겠는가?

1889

Хош, қорықты елің,
Қорқытқан сенің
Өнерің қайсы, айтып бер.
Ел аңдып сені,
Сен аңдып оны,
Қылт еткізбей бағып көр.
Ойнасшы қатын болса қар,
Аңдыған ерде қала ма ар?

1889

87

친구 없이는 외로워라
장차 여생을 어찌 살아갈 것인가?
그대 머리가 빙글빙글 돌리라!
그대의 모든 비밀을 알고 있던
따뜻한 동갑내기 친구는
배를 조금 채우면 돌아서리니
그는 속으로 그대를 증오하리라
그는 그대 집에 기어든 뱀이니라.

1889

Көмексіз көзің,

Бір жалғыз өзің

Баға алмай, басың сандалар.

Бауырыңа тартқан,

Сырыңды айтқан

Сырласың сырт айналар.

Ол қаны бұзық ұры-қар,

Қапысын тауып сені алар.

1889

먼지투성이, 피투성이가 되어
그는 사랑을 맹세하네,
울면서 사랑을 맹세하네,
부딪치고 걸리적거리며 뛰어가네,
그 모습 참으로 비참하구나.
헌데 그대는 그를 찬양하지 않았던가!
정든 이여, 그래서 무엇을 얻었는가?
만일 그대가 위대하다면 부끄러운 일 아닌가?

1889

Басы—көзі қан боп,
Арқа—басы шаң боп,
Және тұрып жалпылдап;
Жығылып тұрып,
Буыны құрып,
Тағы қуып салпылдап —
Абұйыр қайда, ар қайда?
Өз басыңа не пайда?

1889

말을 탄 채, 또 말을 타지 않은 채
모든 사람들이 나를 짓밟네,
이런 싸움에서 어찌 그들이 시를 들으리?
내 심장 더 이상 견디지 못하건만
그 무엇도 나를 도와주지 못하네,
마음이 아파 눈물이 끓어오르네.
만일 고통이 오고, 비애가 타오르면
내 어찌 밤새껏 울지 않으리?

1889

Жаяуы қапты,

Аттысы шапты,

Қайрылып сөзді кім ұқсын.

Іште дерт қалың,

Ауыздан жалын

Бұрқ етіп, көзден жас шықсын.

Күйдірген соң шыдатпай,

Қоя ма екен жылатпай?

1889

간청할 때는 멀고
선물할 때는 깊고 그윽하여라.
아픔과 고통을 없애주고
약점을 제 때에 알아내며
옳은 말 한마디로
무지한 자를 되돌리는
백 개의 목소리에 목청 좋은 나의 혀
말하라, 네가 그렇게 익숙한데.

1889

Алыстан сермеп,

Жүректен тербеп,

Шымырлап бойға жайылған;

Қиуадан шауып,

Қисынын тауып,

Тағыны жетіп қайырған —

Толғауы тоқсан қызыл тіл,

Сөйлеймін десең өзің біл.

1889

개와 아이가 우네. 아이는
몽둥이를 들고 외치네, "저리 꺼져라!"
개에게 화풀이를 하고 싶어 하네.
어른들은 소리치네, "거기 서라!
저것 봐, 영웅이 나타났군!
수치스럽지도 않은가! 뒤로 물러나라!"
그러니 그대도 죄가 있으면
명예 앞에서 사죄할 줄 알아라.

1889

Ит үрсе, бала
Таяғын ала,
Қуады итпен кектесіп.
Ұрысқансып "ой" деп,
"Ұят" деп, "қой" деп,
Үлкендер тыяр "тек" десіп.
Оны білсең, мұның не?
Мен де ұят іс қылдым де.

1889

지식을 온 마음으로 존경하며
큰 세상으로 떠나보려고
나는 지구의 두 끝을 자세히 살펴보았다.
듣지도 이해하지도 못하도록
귀도 없이 눈도 없이
나는 무지에서 떠났다.
의지에게는 이보다 힘든 과제가 없구나,
두 배 사이에서 넘어지지 않는 것이.

1889

Ғылымды іздеп,

Дүниені көздеп,

Екі жаққа үңілдім.

Құлағын салмас,

Тіліңді алмас

Көп наданнан түңілдім.

Екі кеме құйрығын

Ұста, жетсін бұйрығың.

1889

93

조용하고 은밀한 모임 없이,
비밀스런 귓속말 없이는
다른 미끼에 걸려들지 않는다.
허망한 생각은 생각뿐
그들은 사색을 할 수 없구나,
아들이 아버지조차 이해하지 못하고.
그는 아둔하구나, 태평하고 어리석은 자
그의 사색들에는 명예가 없으리라.

1889

Аулаққа шықпай,
Сыбырлап бұқпай,
Мейірленбес еш сөзге.
Пайдасыз тақыл -
Байлаусыз ақыл,
Атадан бала ойы өзге.
Санасыз, ойсыз, жарым ес,
Өз ойында ар емес.

1889

제5부
8행시

나는 벼랑으로 올라갔노라,
벼랑꼭대기에서 소리를 질렀노라,
오래도록 메아리가 울렸노라.
그 소리를 연구하며
나는 과학의 길을 걸었노라,
나는 내가 많은 것을 알았다고 생각했건만
벼랑은 그것 때문에 벼랑이었구나,
내 외침소리 작아져 더 이상 들리지 않았으니.

1889

Жартасқа бардым,

Күнде айғай салдым,

Онан да шықты жаңғырық.

Естісем үнін,

Білсем деп жөнін,

Көп іздедім қаңғырып.

Баяғы жартас — бір жартас,

Қаңқ етер, түкті байқамас.

1889

95

어느 측면에 놓여 있어도
깃의 털은 판자나 같아라,
평온을 모르고 잠들지도 못 하는구나.
주위에는 무성한 귓속말들
비웃음과 웃음소리들!
백성들은 사색에 잠겨있지 않은 것 같다.
그들은 존재를 생활양식과 바꾸었구나,
거기에는 값싼 간계가 깃들여 있는데.

1889

Мамықтан төсек,

Тастай боп кесек,

Жамбасқа батар, ұйқы жоқ.

Сыбыр боп сөзі,

Мәз болып өзі,

Ойланар елдің сыйқы жоқ.

Баяғы қулық, бір алдау,

Қысылған жерде – жан жалдау.

1889

아버지로부터 여섯 명
어머니로부터 사랑받으면서 네 명,
우리형제자매가 태어났고 난 모두에게서 존경받는다.
허나 나는 부끄럽게도 알게 되었다,
내가 친척들에게 둘러싸여 있음을.
"나는 백성에게서 버림 받았다!"
인적 드문 곳에 묻힌 무당의 무덤처럼
나는 고독하다, 내 곁에는 아무도 없다!

1889

Атадан алтау,

Анадан төртеу,

Жалғыздық көрер жерім жоқ.

Ағайын бек көп,

Айтамын ептеп,

Сөзімді ұғар елім жоқ.

Моласындай бақсының

Жалғыз қалдым — тап шыным!

1889

길가에 외로이 선 나리새

제6부 풍자시

97 라힘샬에게

갈기는 말을 장식해주고
불길은 불의 기쁨이어라.
모두가 창조자에게 간청하네,
내게 아이를 달라고.

그래서 그대는 아이를 얻었지.
그래, 아이 라힘샬이 꼴좋구나.
창조자에게 부탁하려무나,
그 못된 아이를 데려가 달라고.

1896

Рахымшалға

Сұлу аттың көркі — жал,
Адамзаттың көркі — мал.
Өмір сүрген кісіге
Дәулет — қызық, бала — бал.

Бал болатын бала бар,
Бал болар ма Рахымшал?!
Бүйтіп берген балаңды,
Берген құдай, өзің ал!

1896

98 아내와 마싹바이

남편의 언치를 펠트 천처럼
제 밑에 깔고
집짐승우리에서 추태를 부리는구나,
모든 재를 뿌리면서.
쓰레기, 지독한 냄새,
연기, 불
모든 것이 한데 뒤섞였어라.

무얼 가져다주는데도 전혀 무관심하구나,
마치 당연히 그래야 되는 것처럼.
그래 그런 아내를
보는 눈길이 기쁘지는 않겠지.
그렇게 빛을 잃고
그렇게 갑갑해지고
그녀는 그렇게 될 수밖에 없겠구나.

그런데 남편 또한 웃음거리가 아니던가,
누구와도 닮지 않았으니 말일세.
헌데 그는 자기더러 나으리라 한다지,
그의 명령을 당장 들어야 한다며.
아내가 오면

그는 막 소리를 지르더군,
에이, 니미럴!…

이 등신은 그 어리석은
추억을 좋아한다더군.
그는 날마다 제 아내를
채찍으로 때리고 주먹으로 패더군.
마구 소리를 지르고
또 때리고
그런 뒤 휴식하러 가더구먼.

1896

제6부
풍자시

길가에 외로이 선 나리새

Қатыны мен Масақбай

Сырмақ қып астына
Байының тоқымын,
Отының басына
Төрінің қоқымын.
Бүксітіп,
Бықсытып,
Қоқсытып келтірді.

Осының бәрімен
Көңлінде міні жоқ,
Жүзінің нәрі мен
Бойының сыны жоқ.
Бүкшиіп,
Сексиіп,
Түксиіп өлтірді.

Күлкі боп көргенге,
Құрбыға қадірсіз.
Ас қылып бергенге
Шыдамас сабырсыз.
Келді, ойбай,
Салды айғай,
Түк қоймай боктады.

Сөзінің жөні жоқ,
Ақылсыз томырық,
Катынның күні жоқ –
Қамшы мен жұдырық.
Барқылдап,
Тарқылдап,
Салпылдап тоқтады.

1896

99 셰리쁘에게

뚤릭바이의 아내여 그대 이름은 셰리쁘*로구나,
불쌍한 지고, 그대 정녕 남자 복 없음이여.
그대는 탁 트인 길가에 외로이 선 나리새,
아무런 개나 다가가 살짝 실례를 하고 가는…

Шәріпке

Түнлікбайдың қатыны атың Шәріп,
Байға жарып көрмеген сен бір кәріп.
Сен шыққан жол үстенде жалғыз түп ши,
Көренген ит кетеді бір-бір сарып.

---

* 셰리쁘(Шәріп) : 이 이름은 아랍어로서 명예, 절개(정조)란 뜻을 갖고 있다.

100 꾸이쓰바이에게

큰 인사를 전합니다, 꾸이쓰바이여,
그런데 주겠다고 약속한 수말은 보이지 않는군요?
왜 나를 볼 땐 약속하고 내가 떠나면 말이 없으신가요,
아님 거짓말쟁이 명성이 그댈 유혹하는가요, 나의 빛이여?

1896

Күйісбайға

Дұғай сәлем жазамын Күйісбайға,
Бермек болған айғырдың көзі қайда?
Көзді көрсең – бересің, тайсаң – танып,
Алдамшы атанғанның несі пайда?

1896

해설

카자흐스탄 초원에 솟아오른 거대한 시문학의 산

카자흐스탄 초원에 솟아오른 거대한 시문학의 산
아바이의 사상과 시세계 그리고 생애

김 병 학

> **아바이의 사상**
>
> *아바이의 본성, 아바이의 목소리, 아바이의 정신, 이것은 시간의 호흡이고 자연 자체의 목소리다. 오늘날 이 시인의 목소리는 우리들의 목소리로 흘러들어오고, 새로운 통제력을 강화시키고 집중시켜준다.*
>
> −무흐따르 아우에조브(소설 『아바이의 길』의 저자)−

카자흐스탄의 모든 국민으로부터 절대적인 추앙을 받고 있고 그런 만큼 현대 카자흐인의 휴머니즘과 세계관에 지대한 영향을 미친 아바이 꾸난바이울리(Абай (Ибраһим) Құнанбайұлы, 아바이 꾸난바예브)의 사상을 한 마디로 정의하기란 매우 어려운 문제이다. 그만큼 그의 사상이 여러 방면으로 펼쳐져 있으며 복잡한 층위를 형성하고 있기 때문이다. 아바이 스스로 자신을 얼마만큼 비밀스러운 사람이라고 표현한 바 있듯이 그의 사상은 뚜렷이 한 곳을 지향하고 있지 않으며 따라서 한두 가지 성향으로 그의 사상이 간단히 정의되지 않는다. 하지만 그가 쓴 작품들을 살펴봄으로써 그가 전하는 메시지의 본바탕을 몇 가지로 명확히 분류해낼 수 있다.

해설

시인이자 작가인 아바이가 학문적·사상적으로 집중조명을 받게 된 것은 전적으로 장편소설 『아바이의 길』(1947년)을 쓴 무흐따르 아우에조브(Мұхтар Әуезов)의 노고와 개념형성에 힘입은 덕분이다. 아우에조브는 1917년 소비에트 혁명 무렵부터 소설 『아바이의 길』을 집필하기 시작했으며 그 당시까지만 해도 제대로 분석, 정리되지 않았던 아바이의 사상을 누구보다도 먼저 개념화하여 보편화하는 데 성공하는 행운을 누렸다. 그는 시인이자 사상가인 아바이를 아바이학이라는 학문의 영역으로까지 올려놓았다. 하지만 당시는 소비에트 시대가 최전성기를 맞이하고 있던 때라 그가 만든 개념의 틀은 소련사회주의 사상에 파지되어 정신보다 문자를 더 우월한 곳에 놓음으로서 아바이의 사상이 협소한 학문적 출판을 넘어설 수 없도록 차단하는 결과를 가져오기도 했다.

아우에조브는 아바이의 사상을 무슬림적 동양, 무신론적 서구, 고유한 초원의 전통이라는 세 가지 사상으로 압축, 정리하였다. 이와 같은 정의는 간명하고 명쾌했으나 이미 언급했듯이 당시 소비에트 이데올로기의 한계를 벗어나지 못하는 부분이 있었다. 이중 '무신론적 서구'가 논란이 되는데 아우에조브의 개념에서 보면 사상적 측면에서 아바이가 동양에서 서양으로 넘어가긴 했지만 완전히 넘어간 것은 아니라고 이야기할 수도 있다. 하지만 이는 아바이 고유의 사상과는 얼마간 거리가 있는 것으로서 진실을 말하자면 아바이는 자기가 뿌리박고 있는 동양으로 되돌아오기 위해 서구를 지향했다고 보는 견해가 옳다는 데에 학자들이 동의하고 있다.

그렇다면 아바이는 누구일까? 아바이 스스로도 자신이 비밀스럽고 의문스러워 이렇게 독백한 적이 있다. "내 마음을 깊이

카자흐스탄 초원에 솟아오른 거대한 시문학의 산

들여다보라, / 나는 수수께끼 같은 사람이라는 걸 기억하라." 바로 이 시구에 상징적으로 표현되어 있듯이 아바이를 정면으로 바라보아서는 그의 사상이 어떤 하나의 지향이나 경향으로 수렴되어 드러나지 않는다. 그래서 그를 향한 접근은 직접이 아닌 불확정으로, 직유가 아닌 은유로, 구성이 아닌 해체로, 세분한 뒤 종합하는 방법으로 이루어져 한다.

우리는 이와 같은 방법으로 그가 남긴 시와 글들을 찬찬히 뜯어봄으로써 그가 서구론자이긴 하지만 완전한 서구론자는 아니고 무신론적 서구론자는 더더욱 아니며 과학적·합리적 서구론자라는 점을 어렵지 않게 확인할 수 있다. 그리고 멀리서 또는 가까이서 글의 행간을 살펴보면 거기서 드러나는 그의 사상은 훨씬 더 복잡하고 다양하다는 것을 알게 된다. 아바이는 온갖 이질적인 것들이 들어와 만나고 부딪치고 충돌하면서 조화를 이루었던 동서 문화의 요충지인 카자흐스탄 유목문화처럼 혼합적이고 복잡한 층위를 가진 세계관을 지니고 있다. 연구자들의 말을 빌려 이를 현상학적으로 환원해보면 그의 세계관 안에서 한 사상의 층은 다른 층 위에서 그 층을 흡수하지 않고 공존하며 놓여 있다는 것을 의미한다. 이는 매 층위마다 독립적인 의미를 갖고 있음을 뜻하기도 한다.

지금까지 연구된 바에 의하면 아바이의 글에 나타나는 세계관은 대략 투르크적 세계관, 이란-투란적 세계관, 무슬림적 세계관, 러시아-유럽적 세계관이라는 네 개의 단위로 구분된다. 이는 동양과 서양의 교차로에 서있는 아바이 사상의 좌표를 가장 정확히 보여주는, 진실에 근접한 분류로 평가된다.

당시 카자흐 민족 사이에 널리 퍼져있던 타성과 인습과 나태를 준엄하게 꾸짖고 새로운 시민의식과 종교적 영성으로 그들을 계몽하려 했던 용기를 가진 아바이의 열정은 불멸을 찾아 유한한 운명에 맞서 전사처럼 굽힘없이 나아갔던 투르크족*들의 조상 코르쿠트의 신화에서 모티브를 찾을 수 있고, 근대적 사고방식과 과학에 대한 굳건한 믿음으로 사람의 의식과 사회를 개조하려 했던 아바이의 의지는 두말 할 것 없이 러시아-유럽적 세계관에서 쏟아져 나온 것이다. 이란-투란적 세계관은 그의 철학적인 시에서 고대 페르시아 학자들의 지식과 사유가 짙게 나타나고 있는 데에서 확인할 수 있고 무슬림적 세계관은 역시 철학적 서정시에서 종교적 신심으로 돌아가려는 모습에서 그 영향을 느낄 수 있다.

그리고 여기서 한 가지 덧붙이고자 하는 것은 바로 이바이가 수피즘의 영향을 받았다는 사실이다. 이 사실이 중요한 것은 수피즘이 고도의 영성과 평화를 지향하고 있기 때문이다. 이는 종교적, 민족적 다양성이 평화롭게 어우러진 현대 다민족국가 카자흐스탄의 정신세계에 면면히 흐르고 있으며 이 경향은 카자흐스탄의 장래에 바람직한 관점을 형성해줄 것으로 보인다. 이는 이란-투란적 세계관과도 깊이 연관되어 있다.

수피즘은 신비주의적 경향을 띤 이슬람교의 한 종파로서 금욕과 고행을 중시하고 청빈한 생활을 이상으로 하는데 8세기 무렵에 나타나 12-13세기에 많은 교단이 조직되었다. 카자흐스탄의 수피즘은 아흐메드 야사위(Ахмед Яссави, 12-13세기)가 창시했다. 그렇지만 지구의 북반구에 위치해 겨울이 춥고 땅이 기름지지 못해 농산물이 풍부하지 못한 카자흐스탄의 환경은 금욕적 채식주의자 수피들에게 패러독스였다. 그때 등장한

---

* 중앙아시아에 거주하는 터키계 민족들. 즉 카자흐, 우즈벡, 키르기즈, 투르크맨, 위구르, 터키, 아제르바이잔족 등을 말한다.

수피가 바로 바하우진 나크쉬반디(Бахауддин Накшбанди, 13세기)였다. 그는 금욕과 고행을 고집하지 않고 대신 마음의 진실과 신에 대한 신실함을 강조했다. 그 이후 대부분의 카자흐 수피들은 이 방식을 받아들였다. 아바이도 이를 받아들인 네오 수피로 분류된다.

아바이의 시 중에 "자연은 사라질지라도 인간은 불멸하느니 / 비록 그가 되돌아오지 않고 더 이상 농담하거나 웃질 못해도…"로 시작되는 구절은 아흐메드 야사위가 예언자 무함마드가 남긴 "사람은 살아있을 때에는 자고 죽을 때에는 깨어난다."라는 말을 "우리는 죽었었는데 소생했다."로 풀이한 성구를 다시 시로 승화해 표현한 것이다. 그 외에도 "육체 없는 '나'는 처음부터 불멸하지만 / '나의 것'은 구원할 수 없구나, 그걸 너무 슬퍼하지 마라." 와 같은 시구나 여기에 소개되어 있지는 않지만 마케도니아 알렉산더대왕에 관한 서사시 등 여러 시편에 수피즘의 핵심과 아우라가 남아있다.

요컨대 아바이는 서구 유럽의 계몽사상과 합리성에 큰 영향을 받은 것이 사실이지만 이는 어디까지나 유목민적 카자흐 전통으로 되돌아와 그것을 더욱 풍부하게 살찌우기 위함이었다. 시대의 불의와 맞서 인간과 사회를 올바로 개조하려했던 열정은 투르크적 전통에서, 철학적·사상적 사유로 현자의 길을 가고자 했던 의지는 이란-투란적 세계관에서, 신에 대한 헌신과 종교성은 무슬림적 세계관에서 영향을 받았다. 그리고 그는, 아시아와 유럽의 교차로에 있는 카자흐스탄의 유목문화가 관용적이고 포용적인 문화를 발전시켰듯이, 그 자신도 자기 내면의 여러 층위에 있는 다양한 사상들이 서로 독립적으로 공존하면서 휴머니즘이라는 거대하고 원대한 목적을 향해 일치된 힘으로

나아가도록 뜻을 집중해왔다. 그리고 신에 대한 헌신과 평화의 길을 걸었던 네오수피로서 자연과 사물의 이면에 있는 참된 본성을 성찰했다.

어느 아바이 연구가가 다음과 같이 멋들어지게 표현했듯이 아바이 사상은 샤먼의 다이아몬드 카드 패처럼 그의 사상을 구성하는 요소들이 서로 멀리 떨어져있는 것 같지만 실상은 우주에서 자라난 평화의 나무의 축에서 실처럼 꿰어지며 평화롭게 존재하고 있음이 선명하고 뚜렷하게 부각되는 것이다.

아바이의 시세계

아바이 꾸난바예브는 카자흐인 최초의 시인이다. 그처럼 위대한 정신을 가진 탁월한 시인은 카자흐 역사에서 그 이전에도 없었고 그 이후에도 없다.

―아흐메트(시인)―

아바이는 지난 19세기 이후 카자흐스탄의 가장 뛰어난 시인이자 사상가이며 최고의 지성이었다. 그가 태어나 창작활동을 전개하던 시기는 제정러시아가 카자흐스탄을 식민지화하는데 점차 속도를 내기 시작하던 때였다. 유목민의 생활양식은 차츰 정착생활로 들어서기 시작했다. 전통적 생활양식은 바야흐로 변화의 기로에 서게 되었고 여러 가치관의 혼란도 병행되고 있었다. 지성인과 작가들의 마음에는 다가올 미래의 변화상들이 마음에 갈등을 일으키며 여러 가지 전조와 예감으로 나타나려 하고 있었다. 아바이는 그런 변혁의 시기에 초원의 산맥처럼 홀

연히 솟아나 시대의 불의와 싸워나갔다. 그리고 예언자의 외침과 같은 시와 글을 남기기 시작한다. 아바이의 놀라운 창작능력과 깊은 사유에서 우러난 지식, 그리고 동서양을 아우르는 세계관과 휴머니즘은 그의 창작의 기초를 이루고 있다.

시인 아바이에게 말(언어)은 무엇보다도 중요한 것이었다. 그에게 말은 친구였고 스승이었고 생동하는 우주였다. 그는 소년시절에 페르시아와 아랍의 시인들의 책을 읽고 그들의 언어 표현능력에 매료됐으며 스스로 시인의 길을 걸었다. 그는 자기 자신을 순전히 생계를 위해 즉흥시를 읊고 노래를 불러주는 초원의 음유시인이 아닌 동방의 문화를 '기록'하는 시인으로 여겼다. 시인으로서의 자부심은 그의 시 곳곳에서 드러나고 있다. "시문학은 고결하고 존귀한 말들의 황제 / 그대의 재능은 맞지 않는 것도 맞게 하는 것이다…", "…아르근 가문과 나이만 가문의 지도자들은 / 내가 불같은 말(언어)들로 무찔렀습니다. / [⋯] / 내가 언어를 금덩어리로 만들어 / 그들 앞에 던져 주는데도 그들은 받지를 않고…" 그는 죽기 한 해 전에 이런 시를 쓰기도 했다. "라기뜨는 불과 불길로 태어나 / 하늘의 번개로 번쩍이네. / 그가 거기서 비로 내릴 때 / 땅은 꽃을 피워 놀라게 해주리라." 여기서 불의 신 '라기뜨'는 말(언어)을 상징하고 있다.

그럼 그의 영혼에서 불길처럼 태어난 말들은 그의 시편에서 어떻게 타오르고 있을까? 그 시들이 궁극적으로 독자들에게 보여주고 싶어 했던 메시지는 무엇일까?

아바이의 시편들은 테마에 따라 자연(풍경)에 대한 서정시, 철학의 서정시, 사랑의 서정시, 비애의 서정시, 풍자시 등으로 나뉜다. 1909년에 이와 같은 테마로 분류되어 묶인 아바이의 시집이 처음 발간되었고 그 뒤로 이런 분류는 하나의 전통이 되었다.

해설

먼저 그가 쓴 자연(풍경)에 대한 서정시들은 분량이 별로 많지 않다. 하지만 이 시가들은 아바이 시의 핵심을 이루고 있으며 그만큼 이 시들은 카자흐스탄 초원 유목민들의 삶의 모습과 광활한 유목적 자연을 한편의 풍경화를 보는 것처럼 선명하게 보여준다. 그가 쓴 일곱 편의 자연에 대한 서정시는 모두가 수작이고 절창이다. 또한 모두가 장시로 이루어져 있지만 그들의 시행 어디에서도 시적 긴장감이 풀리는 부분이 발견되지 않는다. 광활한 초원처럼 장대하고 장쾌하다. 이 시들을 읽노라면 마치 옛 카자흐인들이 말을 타고 달려오고 매들이 날아가고 눈보라가 몰아치는 것만 같다. 지금까지 어느 누구도 아바이만큼 카자흐스탄 초원의 모습을 그렇게 생동하게 그려낸 시인은 없을 것이다. 카자흐스탄 초원의 사계절이나 매사냥, 그리고 말에 대해 생생하게 묘사한 이 시편들에 다른 설명을 덧붙이는 건 사족밖에 되지 않을 것이다.

철학의 서정시들은 분량 면에서 다른 시편들을 압도한다. 아바이가 그만큼 철학적, 사상적 사유를 오래도록 깊게 붙들어왔다는 증거다. 이것이 그의 폭 넓은 독서에 바탕을 두고 있음은 물론이다. 아바이는 샴씨, 프줄리, 나보이, 싸이할리, 하피즈, 피르도우씨, 싸아디 등 동방의 고전시인과 학자들이 쓴 고전 작품들을 잘 섭렵하고 있었고 페르시아어나 아랍어로 된 영웅서사시들도 잘 알고 있었다. 무슬림 율법과 신학의 체계도 잘 파악하고 있었음은 물론이다. 그가 쓴 철학적 서정시들은 외적 형식으로나 내용면으로나 동양 고전작가들의 영향이 뚜렷이 남아있다. 하지만 인간생활의 구체적인 현상을 인식하고 체험한 바에 적용하여 그는 독창적으로 시를 완성하였다. 그는 시를 통해 카자흐인의 나태함과 졸렬함을 바꾸려는 열정을 감추지 않았다.

카자흐스탄 초원에 솟아오른 거대한 시문학의 산

그는 카자흐인들이 진정으로 새로운 시대의 주인으로 깨어나기를 바란 계몽가였다.

비애의 서정시들과 함께 그가 쓴 철학의 서정시들은 그의 삶의 여정과도 깊은 관련을 맺고 있다. 아바이는 생전에 무수한 모함과 무고에 시달렸으며 그걸로 10년이 넘게 민사소송에 휘말리기도 했다. 말년에는 그를 시기하는 무리들로부터 집단폭행을 당하기도 했다. 아바이는 그런 일을 겪으면서 동족에 대한 실망과 배신감으로 커다란 절망과 분노를 느꼈으며 그것을 직접 시로 표현하기도 했다. 하지만 그는 그들이 합리적 이성으로서 깨어나기를 진정으로 바랐다. 그의 분노는 어디까지나 자기 민족 카자흐인에 대한 연민과 애정이 밑바탕에 짙게 깔려 있는 것이었다. 그는 누구보다도 종교성과 영성으로 충만한 삶을 산 사람이었기 때문이다. 그는 인간의 위선을 참지 못했으며 모든 사람들이 진정한 종교성과 영성을 회복하기를 갈망했다.

그가 쓴 사랑의 서정시들은 가식 없는 마음과 순수한 연애감정에 바탕을 두고 있다. 철학적 서정시에서 짐작됨직한 고고한 학자풍의 젊잖음과 올바름으로 자신의 심리적·육체적 본능이나 욕구를 제어하려는 성향이 그의 시에서는 전혀 보이지 않는다. 그가 쓴 연애시는 인간의 원초적 모습 그대로 순수하고 건강미가 넘쳐난다. 그의 사랑에는 유목민다운 역동성과 바람이나 불처럼 활기차게 움직이는 초원의 율동이 적나라하게 드러난다. 우리와 멀리 떨어져 홀로 고민하고 사색하는 사상가 아바이는 초원의 사랑과 연시들을 통해 너무나 인간답고 친근한 벗이 되어 우리들 안으로 진입해 들어온다. 아바이는 인간이 사랑을 할 때 얼마나 순수하고 아름다워지는지, 원초적 감정에 충실할 때 얼마나 고귀해지는지를 유감없이 보여주고 있다. 그는 이

해설

카자흐스탄 초원에 솟아오른 거대한 시문학의 산

렇게 노래했다. "미녀들을 사랑하라고 / 예언자도 그리 유언했다네"라고

아바이는 사회에서 활동영역을 넓혀갈수록 점차 많은 고통과 좌절을 체험하게 된다. 그의 능력과 천재성을 시기하는 무리들의 질시와 모함으로 그는 평생 고통을 겪었다. 그리고 가정적으로는 자식을 먼저 저 세상으로 보내는 비운을 경험했다. 그의 가슴에 눈물이 마를 날이 없었다. 그렇게 고통과 눈물 속에서 태어난 그의 비애의 서정시들은 그래서 독자들의 가슴 속에 들어와 진주처럼 수정처럼 빛나는 보석으로 변하여 마음을 환하게 밝혀준다. "늙음이 있는 곳에 비애가 있고 거기엔 오직 고통뿐…"으로 대표되는 그의 슬픔과 비애의 서정시들은 초원을 달리다 상처 난 말처럼, 그리고 이제는 더 이상 달릴 힘이 없는 늙은 말처럼 슬픈 울음으로 삶의 본질을 일깨워준다. 하지만 비애와 슬픔에는 항상 지혜와 깨달음이 함께 깃들여 삶을 더욱 의미 있게 만들어주고 있음을 우리는 그의 시편들에서 어렵지 않게 발견할 수 있다.

특히 그가 쓴 8행시에는 번득이는 지혜와 깨달음과 교훈들이 주옥처럼 빛나고 있다. 이를 읽는 독자들은 마치 보석이 가득 찬 바다에 들어가 있는 듯한 느낌에 빠져들 것이다. 이 시들은 잘 깎인 다이아몬드처럼 빛나고 또 그것처럼 표면이 매끄럽고 단단하다.

몇 편 되지 않은 풍자시에도 유목민 생활의 전형적인 허세와 삶의 실상이 익살스럽게 잘 표현되어 있다.

아바이는 카자흐스탄 초원의 위대한 시인이다. 그의 생각과 개념, 추상들은 번개 같고 우레 같은 언어가 되어 그의 시편에

265

서 성난 말처럼 초원을 달리고 큰 바람처럼 땅을 휩쓸어 가며 우박처럼 거침없이 쏟아져 내린다. 이와 같은 시인 아바이로 인해 카자흐인들은 오래도록 행복할 것이다. 그는 카자흐스탄 초원에 홀연히 솟아오른 거대한 시문학의 산이다.

아바이의 생애

아바이는 카자흐스탄 초원에서 살았다. 왜냐하면 당연히 받아야 할 인정을 세계에서 받지 못했기 때문이다. 그러나 그는 위대한 시인으로, 계몽가로, 철학자로 살았다. 그는 보잘 것 없는 환경에서 태어나 모욕적인 삶을 살았다.

―샤카림(시인)―

소년시절

* **1845년 8월 10일**: 카자흐스탄 북동부 쎄메이(쎄미빨라찐스크)주에서 아르근 가문의 토븨크트 파의 후손으로 출생했다. 아버지 이브라김 우스껜바이는 그 지역 초원의 촌장(지방관리)이었다. 그에게는 카자흐 전통에 따라 네 명의 아내가 있었는데 그는 그 네 명의 아내에게서 총 열 명의 자식을 보았다. 아바이는 그의 두 번째 부인 울잔에게서 태어난 둘째아들이었다. 아바이란 이름은 할머니가 지어주었다고 하는데 이는 카자흐어로 <조심스런, 주도면밀한>이란 뜻을 갖고 있다.

* **1852-1855년경**: 회교학당 가비뜨하나의 물라(회교승려)에게서 공부를 시작하였다. 그는 거기서 인간의 초보적인 지식

과 윤리, 무슬림 율법 등을 배우며 소년으로 성장해 나갔다.

* **1855-1858년:** 쎄메이 아흐메트 리즈 메드레세(회교의 최고학교)에서 수학했다. 아바이는 이 시기에 학문의 영역을 더 넓히고자 스스로 쎄메이 관할 공립학교에 들어가 러시아어를 배웠다. 러시아의 서부도시 쌍크트 뻬쩨르부르그가 당시 제정 러시아가 유럽을 향한 창문이었다면 카자흐스탄의 북동부에 위치한 쎄메이는 러시아가 동방을 향하는 관문이라고 불렸다. 그런 만큼 그곳은 러시아가 일찍부터 진주해 들어왔으며 따라서 러시아의 행정과 문화가 깊이 뿌리내리고 있었다.

그 즈음에, 즉 소년시절부터 청년시절 사이에 아바이는 회교 승려이자 수피인 베르디(Берди)라는 사람에게서도 교육을 받았다. 그는 아바이의 먼 친척이었는데 아바이의 아버지가 자식을 교육시키기 위해 남부 알마틔로 내려가서 친척인 그를 자식들의 교사로 초청했던 것이다. 소년 아바이는 그에게서 교육을 받으면서 깊이 있는 지식을 배우고 영성을 쌓아나갔다. 또한 그로부터 수피즘을 접하고 나중에 자신의 글에 수피즘의 흔적을 남기게 된다. (카자흐스탄의 저명한 소설가인 아우에조브의 아버지도 소년시절 아바이와 함께 수피 스승 베르디(Берди)에게서 동문수학했던 인연이 있다.)

청년시절

* **1858-1876년:** 촌장(지방관리)이었던 아버지를 도와 약 18년 동안 가문(종족)간의 알력과 권력투쟁이 벌어지던 초원의 사회·정치적 활동에 적극적으로 참여했다. 카자흐족은 3개의 쥬스(민족의 하위단위인 부족에 근접하는 개념)로 구성되어 있고 각 쥬스는 여러 개의 가문(종족, 씨족)으로 이루어져 있다.

이 전통은 오랜 역사를 가지고 있으며 따라서 부족이나 가문 간의 다툼이 흔치 않게 일어나곤 했었다. 더욱이 이 시기는 제정 러시아가 카자흐스탄을 식민화하는데 박차를 가하기 시작하던 때였고 그 질서에 편입된 카자흐 상류층의 불의와 일반 서민의 고통은 극명하게 대조를 이루고 있었다. 아바이는 카자흐인들의 고질적인 병폐와 문제점을 직시하고 장래에 바람직한 사회를 이룰 수 있는 방향을 고민하고 모색하게 된다.

* **1870년대 초**: 쎄미메이 공립도서관에서, 정치적 박해를 받아 러시아에서 유형살이를 온 예. 뻬. 미하엘리스를 만났다. 당시 카자흐스탄은 제정러시아의 지식인과 반체제인사들의 유형지였다. 유형자 미하엘리스는 러시아가 민주주의 문화를 지향해 나가는데 있어서 러시아 영내에 거주하는 이민족의 권리와 이익을 매우 높이 평가하였고 그것이 실현되도록 노력한 사람이었다. 아바이는 그와 오래도록 친분관계를 유지하며 서로 영향을 주고받게 된다.

정치인, 행정가로서 발을 내딛다 : 시련의 시작

* **1876-1878년**: 선거에 출마하여 코누르-콕쉐읍 읍장에 당선되었다. 그러나 아바이는 그 기간에 동족들로부터 끊임없는 밀고와 배반을 당했고 비방이 담긴 투서들이 관청으로 날아들었다. 그는 그 시기에 그와 같은 불미스러운 일 외에는 긍정적이라 할 만한 다른 아무런 결과도 얻지 못했으며 절망의 시기를 보냈다. 그는 그렇게 자기를 모함하던 무리들 중 한 사람인 우직바이 보리바예브라는 사람으로부터 고소를 당해 그때로부터 10년 동안 소송에 시달렸다. 군(郡) 재판소장 뻬. 웨. 마꼬베츠키는 이 소송을 1889년 8월 27일까지 끌다가 고소인의 비방이

무고였음을 판결하였다.

* **1880년대**: 민주주의를 위해 투쟁하다 박해를 받아 러시아지역에서 유형을 온 엔. 이. 돌고뿔로브, 아. 아. 레온찌예브, 아. 엘. 블렉, 에스. 에스. 그로쓰 등을 만나 교류를 시작했다. 그리고 그 시기에 러시아 작가들의 작품과 바이런, 괴테, 다윈, 스피노자, 스펜서, 루이스 같은 서구 유럽의 문호나 학자들의 작품도 읽었다. 아바이 연구자들 사이에서 논란이 있는 아바이의 서구지향이 여기서 본격적으로 형성된 것 같다. 나중에 아바이는 서구유럽의 합리성과 이성과 과학을 옹호하는 시와 글을 많이 남겼다.

* **1885년 5월**: 까라몰이라는 소구역 영내 5개 군(郡) 소속 100명의 읍장회의에 전권을 갖고 참가했으며 그는 거기서 분쟁조정관으로 선출되었다. 회의기간 중에 그는 천재성을 발휘하여 단 하루만에 93개 조항의 <쎄메이 카자흐인들을 위한 형사사건 법규>를 마련했다. 이는 당시 카자흐스탄 초원에서 가장 급진적인 권리 및 의무규정 문서였다. 이 대회기간 중에 아바이의 유명세는 정점에 달했다.

시인의 길에 들어서다

* **1886년**: 미하엘리스의 추천으로 서시베리아 지리학회의 실무위원으로 임명되었다. 이 지리학회는 원래 쎄메이 통계위원회였는데 나중에 조직과 기구가 개편된 것이었다. 그 해에 아버지 이브라김 우스껜바이가 사망했다. 한편 이 해는 아바이가 본격적으로 시를 쓰기 시작한 중요한 해다. "늙음이 있는 곳에 비애가 있고…"로 시작되는 시에서 보듯이 그의 인생은 사회활동

해설

카자흐스탄 초원에 솟아오른 거대한 시문학의 산

에서 창작생활로 전환되기 시작했으며 그는 그때부터 초원의 불꽃처럼 자기 시의 모든 모티브를 창작활동으로 펼쳐나갔다. (그 이전에 쓴 시들은 분량이 별로 많지 않았고 아바이의 인생에 중요한 부분을 차지하지 않았다.)

* 1889년: 아크몰라주, 쎄메이주, 제트수주를 포함한 초원지역 주지사장의 공식기구에서 아바이의 시 2편이 발표되었다. 첫 번째 편은 꼭바이 자나따이울리라는 이름으로 <쎄메이 군 칭기스읍에서 이브라김 꾸난바예브가 바까나스 호수 옆 꼼베이트라는 작은 지역에서 유목하면서 바라본 카자흐 마을의 풍경들>이라는 제목으로, 두 번째 편은 <나는 읍의 백성이 되었다>라는 제목으로 무명으로 출간되었다. 이는 아바이 생전에 지면에 발표된 유일한 것이었는데 이 시들은 그 당시 고등교육을 받은 카자흐인들 사이에서 높은 평가를 받았다. 이 시집에 나오는 <여름>이라는 시가 바로 그 첫 번째 시에 나오는 풍경을 묘사한 것이다.

* 1890년: 바이꿀락크와 꾼트라는 사람을 선두로 한 16명의 우두머리들이 아바이를 음해하였다. 그들은 아바이를 '조상들이 물려준 전통풍습과 권리를 위반한 자', '행정수장의 원수' 라는 등의 도덕적 죄목을 씌워 모해하였다. 아바이는 그 시기 즈음에 뿌쉬킨, 레르몬또브 등 러시아 유명 시인들의 작품을 카자흐어로 번역하였고 스스로 노래도 작시했는데 그때까지 카자흐 작시법에 없었던 새로운 형식(8행시, 6행시)을 도입하기도 하였다.

* 1891년: 미국의 출판물인 제이. 켄난의 『시베리아와 유형』이라는 책에 아바이의 이름이 언급되었다.

고난에 맞서 원대한 꿈을 펼치며

* **1891-1897년**: 아바이를 음해한 16명 중 한 사람이었던 오라즈바이와 음해사건을 놓고 민사소송을 벌였다. 아바이는 동족의 음해와 모함에 절망하여 카자흐인들의 비합리성과 비뚤어진 양심을 비판하고 경고하는 시들을 왕성하게 창작하였다. 그 이면에는 동족에 대한 뜨거운 애정이 숨어있음은 물론이다.

* **1895년**: 첫 번째 부인에게서 난 아들 압드라흐만이 27세의 젊은 나이로 죽었다. 압드라흐만은 제정러시아 쌍크트 뻬쩨르부르그에서 포병학교를 졸업했는데 그는 독일어에 능통하여 아바이가 고대 그리스와 로마로 시작되는 서구사상을 이해하는데 많은 도움을 주었다. 아바이는 아들을 잃은 슬픔을 <압드라흐만의 죽음>이라는 시에서 절절히 묘사하고 있다. 한편 아바이에게는 세 명의 아내가 있었다. 그는 첫 번째 아내 딜다에게서 아클바이, 압드라흐만, 쿨바단, 아킴바이를 얻었고 두 번째 아내 아이게림에게서 투라굴, 미하일, 이즈카일, 켄제 등의 자식을 얻었다. 그는 총 7명의 아들과 3명의 딸을 두었다. 세 번째 아내 예르케잔에게서는 자식이 없었다.

* **1898년**: 자신을 음해했던 오라즈바이 무리들로부터 집단폭행을 당했다. 아바이는 1900년에 이 사건에 대한 자세한 내막을 편지로 써서 원로회의에 보냈다. 이 편지 원본은 현재 러시아 쌍크트 뻬쩨르부르그 국립문서보관소에 보관되어 있다. 아바이는 인간과 인간성 자체에 대한 실망으로 "보라, 이 세상은 그대를 강탈하는 가혹한 세상이다.…"(1898년), "인간이 무엇이더냐? 오직 똥을 위한 자루가 아니더냐?…"(1899년)로 시작되는 절망의 시들을 쓰기도 했다.

* 1904년: 아들 마가비가 폐병으로 죽었다. 아버지가 반대자들과 힘든 싸움을 벌이고 그동안 어려운 생활이 계속되자 아들의 심신이 지쳐버린 데에 그 원인이 있었다고 한다.

* 1904년 7월 5일: 아바이 사망. 전해지는 이야기에 의하면 아바이는 아들 마가비가 죽은 지 40일 후에 죽었다고 한다. 그리고 그가 죽고 나서 정확히 40일 후에 그의 맏아들 아클바이가 죽었다. 40이라는 숫자는 카자흐인들이 신성하게 여기는 숫자다.

* 1909년: 아바이의 시집이 첫 출간되었다. 그 뒤로 아바이 시집은 카자흐어와 러시아어로 여러 번 출간된다.

* 1947-1948년: 카자흐 작가 무흐따르 아우에조브가 아바이의 생애와 창작생활에 대한 이야기를 엮은 대하장편소설 『아바이의 길』(1947년)을 출간하였다. 이 소설은 이듬해 러시아어로 번역되어 절찬을 받았다. 아우에조브는 이 공로로 소련 최고문학상인 레닌상과 국가상을 수상했다. 이 소설은 아바이를 아바이학이라는 학문의 영역으로까지 올려놓았다.

* 한편 카자흐 종합대학 철학과 박일(1911-2001)교수는 1957년에 "김삿갓과 아바이"란 주제로 아바이의 시문을 최초로 카자흐스탄 고려인들에게 소개하였다.

* 한국에서는 1995년 아바이 탄생 150주년을 맞아 카자흐스탄 고려인 작가인 양원식 전 고려일보 주필의 번역으로 아바이의 잠언 45편이 수록된 『아바이의 잠언』(서울, 카자흐어연구회·도서출판 예루살렘, 1995)이 나온 바 있다.

>>> 지은이

약력

아바이 꾸난바이울리(Абай (Ибраһим) Құнанбайұлы, 1845-1904, 아바이 꾸난바예브)는 지난 19세기 이후 카자흐스탄의 가장 뛰어난 시인이자 사상가이며 최고의 지성이다. 그는 급변의 시대가 감지되던 19세기 중반에 태어나 광야를 질주하는 말처럼 분연히 시대의 불의와 맞서나갔다. 그리고 중년 이후에 예언자의 외침과 같은 시와 글을 남기기 시작했다. 아바이의 놀라운 창작능력과 깊은 사유에서 우러난 지식, 그리고 동서양을 아우르는 세계관과 휴머니즘은 그의 창작의 기초를 이루고 있다. 그가 남긴 글들은 카자흐스탄 전역에 깊은 울림을 주었으며 지금도 카자흐스탄 전 국민의 가슴 속에 그침 없이 메아리치고 있다. 아바이의 존재는 카자흐인의 자부심이자 카자흐 문화의 상징이다. 모든 카자흐인들은 아낌없는 존경과 열렬한 찬사로 국민시인 아바이의 위상을 변함없이 확인시켜주고 있다. 그는 현대 카자흐인의 휴머니즘과 세계관에 지대한 영향을 미쳤다.

>>> 옮긴이

김병학은 1965년 전남 신안에서 태어났다. 1992년에 전남대학교를 졸업하고 그해에 카자흐스탄으로 건너가 우스또베 광주한글학교교사, 알마틔대학교 한국어과 강사, 재소고려인 신문「고려일보」기자를 역임하였다. 현재 카자흐스탄 알마틔시에서「카자흐스탄 한국문화센터」소장직을 맡고 있으며 고려인문화와 관련된 일을 하고 있다. 펴낸 책으로는 시집『천산에 올라』(서울, 화남, 2005), 재소고려인구전가요를 집대성한『재소고려인의 노래를 찾아서 Ⅰ・Ⅱ』(서울, 화남, 2007), 에세

이집 『카자흐스탄의 고려인들 사이에서』(서울, 인터북스, 2009) 등이 있으며 역서로는 이 스따니슬라브의 시집 『모쁘르 마을에 대한 추억』(서울, 인터북스, 2010)이 있다. 이메일 bhkim7714@hanmail.net

>>> 삽화

예브게니 씨도르킨(Е. М. Сидоркин, 1930-1982)은 러시아에서 출생한 카자흐스탄 인민미술가이다. 1965년 독일(동독) 라이프츠시에서 열린 <5대륙 선화(線畵)>전시회에서 거기에 참가한 파블로 피카소, 오토 딕스(독일), 한스 에르니(스위스), 찰스 화이트(미국) 등 세계의 쟁쟁한 거장들을 물리치고 금상을 수상한 바 있으며, 1971년에는 카자흐스탄 국가상을 수상하는 등 국내외적으로 수십 여회의 전시회와 수상기록을 남겼다.

카자흐스탄 초원 시인 아바이 시선집
황금천막에서 부르는 노래
Абай Таңдамалы өлеңдер

1판 1쇄 인쇄 2010년 4월 1일
1판 1쇄 발행 2010년 4월 10일

지은이 | 아바이 꾸난바이울릭
옮긴이 | 김 병 학
펴낸이 | 김 미 화
펴낸곳 | 인터북스

주　　소 | 서울시 은평구 대조동 221-4 우편번호 122-844
전　　화 | (02)356-9903
팩　　스 | (02)386-8308
전자우편 | interbooks@chol.com
등록번호 | 제311-2008-000040호

ISBN 978-89-94138-04-6　03810

값 : 13,000원

※파본은 교환해 드립니다.